Desarrollo de Apps con 0 a Experto

Domina el Desarrollo Móvil con Kivy, KivyMD y Inteligencia Artificial

Autor: *Martin Alejandro Oviedo*

Publicación: *29-01-2025*

Plataformas: *Amazon Kindle, Google Books, App Store*

"La tecnología avanza, pero el conocimiento es tuyo para siempre."

Frases inspiradoras de grandes mentes de la tecnología:

"La mejor manera de predecir el futuro es inventarlo." — Alan Kay

"No te compares con nadie en este mundo... si lo haces, te estarás insultando a ti mismo." — Bill Gates

"El código es como el humor. Cuando tienes que explicarlo, no es tan bueno." — Cory House

"No es un fracaso si disfrutas del proceso." — Elon Musk

"La innovación distingue a un líder de un seguidor." — Steve Jobs

Mensaje del Autor

El conocimiento es el único tesoro que nunca te podrán quitar.

A lo largo de la historia, la tecnología ha sido el motor del progreso. Desde los primeros días de la informática hasta la inteligencia artificial moderna, todo ha sido posible gracias a personas curiosas y apasionadas que se atrevieron a aprender, crear y compartir su conocimiento.

Este libro es un camino de aprendizaje, diseñado para cualquiera que quiera adentrarse en el mundo del desarrollo móvil con Python. No importa si estás comenzando desde cero o si ya tienes experiencia en programación, cada línea de código que escribas te acercará un paso más a convertirte en un experto.

El conocimiento es tuyo, nadie puede arrebatártelo.

Crea. Aprende. Comparte. El futuro está en tus manos.

Martin Alejandro Oviedo

29 de enero de 2025

Prólogo

Vivimos en una era donde la tecnología avanza a una velocidad sin precedentes. Las aplicaciones móviles han transformado nuestra forma de comunicarnos, aprender, trabajar y entretenernos. Cada día, millones de personas descargan, usan y dependen de aplicaciones móviles para realizar sus tareas cotidianas. Sin embargo, detrás de cada app existe un desarrollador que ha convertido una idea en código, y ese desarrollador podrías ser tú.

Este libro no es solo una guía técnica, sino un viaje de aprendizaje que te llevará desde los fundamentos de Python hasta la creación de una aplicación completa con inteligencia artificial, listas para ser publicadas en Google Play y la App Store.

¿Por qué Python y Kivy?

Python es uno de los lenguajes de programación más versátiles y fáciles de aprender, mientras que Kivy y KivyMD permiten desarrollar aplicaciones móviles con un diseño atractivo y funcional. Con esta combinación, puedes crear aplicaciones multiplataforma sin necesidad de aprender lenguajes como Java, Swift o Kotlin.

En este libro, encontrarás explicaciones detalladas, ejemplos prácticos y proyectos reales que te permitirán:

• Configurar tu entorno de desarrollo en Windows, macOS y Linux.

• Diseñar interfaces atractivas con KivyMD.

• Conectar la app con una base de datos y un backend en GraphQL.

• Integrar inteligencia artificial con Hugging Face para hacer una app más avanzada.

• Compilar y publicar la aplicación en Google Play y App Store.

• Monetizar la app con anuncios y compras dentro de la aplicación.

Este libro no está diseñado solo para programadores experimentados, sino para cualquier persona que quiera aprender y desarrollar su propia aplicación desde cero.

Si alguna vez has soñado con crear tu propia app, este es el momento de hacerlo realidad.

¡Bienvenido al mundo del desarrollo móvil con Python!

Prefacio

Cuando comencé en el mundo de la programación, lo hice con la misma curiosidad que muchos de ustedes tienen hoy. Miraba aplicaciones en mi teléfono y me preguntaba: "¿Cómo se crean?". Lo que en aquel entonces parecía algo inalcanzable, se convirtió en una pasión y, con el tiempo, en una profesión.

El propósito de este libro es mostrarte que cualquier persona, sin importar su experiencia previa, puede aprender a programar y desarrollar sus propias aplicaciones móviles. No necesitas ser un experto para comenzar, solo necesitas ganas de aprender y practicar.

¿Para quién es este libro?

Este libro está diseñado para:

• Personas sin experiencia que quieren aprender a programar aplicaciones móviles.

• Programadores que ya conocen Python y desean llevar sus habilidades al desarrollo móvil.

• Emprendedores que buscan crear su propia app sin depender de terceros.

• Docentes que desean enseñar desarrollo de aplicaciones a sus estudiantes.

¿Qué encontrarás en este libro?

• Un enfoque práctico y progresivo, comenzando con lo más básico hasta llegar a un proyecto completo.

• Explicaciones claras y sencillas, acompañadas de ejemplos reales.

• Secciones de autoevaluación para reforzar el aprendizaje.

• Guías detalladas sobre cómo monetizar y publicar la aplicación en tiendas oficiales.

"El conocimiento es el único recurso que nadie puede quitarte. Invertir en aprender a programar es invertir en tu futuro."

Te invito a recorrer este camino con paciencia y dedicación. No te preocupes si algo no sale bien en el primer intento. Programar es un proceso de ensayo y error. Con cada línea de código que escribas, estarás un paso más cerca de convertirte en un desarrollador de aplicaciones exitoso.

¡Comencemos juntos este viaje hacia el desarrollo de apps con Python!

Martin Alejandro Oviedo

29 de enero de 2025

Desarrollo de Apps con Python: De 0 a Experto

Subtítulo:

"Crea y publica tu propia aplicación móvil con Python, KivyMD, IA y Backend GraphQL"

Página de Título y Descripción del Libro

Título:

"Desarrollo de Apps con Python: De 0 a Experto"

Subtítulo:

"Desde la instalación de Python hasta la publicación en Play Store y App Store con integración de Inteligencia Artificial y un backend GraphQL."

Tecnologías y Herramientas Usadas

• Lenguaje de Programación:

- Python 3.x

• Desarrollo de la App Móvil:

- Kivy (Framework de desarrollo móvil)
- KivyMD (Interfaz con Material Design)

• Backend y Base de Datos:

- FastAPI (Servidor backend en Python)
- GraphQL con Strawberry (Comunicación API eficiente)
- MySQL (Base de datos relacional)

- Compilación y Despliegue:

  - Buildozer (Compilación de la app para Android)

  - Kivy-iOS (Compilación para dispositivos Apple)

  - Linux Server (Ubuntu) (Despliegue del backend en la nube)

- Inteligencia Artificial:

  - Hugging Face API / DeepSeek (Chatbot con IA)

  - Procesamiento de lenguaje natural (NLP) para respuestas inteligentes

- Publicación y Monetización:

  - Google Play Store (Publicación en Android)

  - Apple App Store (Publicación en iOS)

  - Estrategias de monetización con anuncios y suscripciones

Resumen del Libro

Este libro te llevará desde cero hasta experto en el desarrollo de aplicaciones móviles con Python. Aprenderás a construir una app de chat con inteligencia artificial utilizando KivyMD, con un backend en GraphQL y base de datos MySQL, además de aprender a compilar y publicar tu app en Play Store y App Store.

 Aprenderás a:

- Diseñar interfaces modernas con KivyMD

- Crear y consumir APIs GraphQL en FastAPI

- Integrar un chat con IA usando Hugging Face

- Compilar tu app para Android e iOS con Buildozer y Kivy-iOS

- Desplegar un backend en un servidor Linux gratuito

- Publicar y monetizar la app en Google Play y App Store

Este libro es ideal para desarrolladores, estudiantes y emprendedores que quieren aprender a desarrollar y lanzar aplicaciones móviles con Python.

Índice Final

Estructura del libro con todos los capítulos y secciones esenciales.

Secciones Iniciales

Prólogo

Prefacio

PARTE 1: Fundamentos de Python y Entorno de Desarrollo

Objetivo: Aprender Python y configurar el entorno de desarrollo para la app.

Capítulo 1: Instalación y Configuración de Python y Herramientas

Capítulo 2: Fundamentos de Programación en Python

• Autoevaluación 1 + Respuestas Correctas

PARTE 2: Introducción a KivyMD y Creación de la Interfaz del Chat

Objetivo: Aprender a usar KivyMD y diseñar la interfaz de la app.

Capítulo 3: Instalación y Configuración de Kivy y KivyMD

Capítulo 4: Creación de la Interfaz del Chat con KivyMD

Capítulo 5: Mejorando la UI con Material Design

• Autoevaluación 2 + Respuestas Correctas

PARTE 3: Creación del Backend GraphQL con FastAPI y MySQL

Objetivo: Construir un backend para autenticación y almacenamiento de chats.

Capítulo 6: Introducción a GraphQL y FastAPI

Capítulo 7: Configuración de la Base de Datos MySQL

PARTE 4: Conexión de la App con el Backend GraphQL

PARTE 5: Integración de Inteligencia Artificial en el Chat

PARTE 6: Compilación y Publicación de la App

PARTE 7: Evaluación Final y Proyecto Completo

Objetivo: Integrar todo lo aprendido en un solo proyecto final.

Capítulo 18: Integración Final del Backend, IA y App Móvil

Capítulo 19: Evaluación Final del Curso

Capítulo 20: Conclusiones y Próximos Pasos

• Evaluación Final + Respuestas Correctas

PARTE 8: Recursos y Comunidad

Objetivo: Brindar herramientas adicionales para continuar el aprendizaje y la participación en la comunidad.

Capítulo 21: Reflexión Final y Oportunidades de Crecimiento

Glosario de Términos Esenciales

Bibliografía Consultada

Comunidades para Participar y Aprender Más

Sección Final

Fin

• Este es el índice final y está correctamente estructurado.

1. ## Capítulo 1: Instalación y Configuración de Python y Herramientas

   Objetivo del capítulo:

   En este primer capítulo, aprenderemos a instalar Python en Windows, Linux y macOS, configurar un entorno de desarrollo adecuado y gestionar entornos virtuales con `venv` y `pip`. También instalaremos Visual Studio Code (VS Code), nuestro editor de código, y lo configuraremos para trabajar eficientemente con Python.

   Este capítulo es fundamental, ya que establecerá las bases para desarrollar nuestra app de chat con IA.

1 Instalación de Python en Windows, Linux y macOS

¿Por qué Python 3.x?

Python es un lenguaje en constante evolución. Para este libro, usaremos la versión más reciente de Python 3.x, ya que es la más estable y soportada por la comunidad de desarrollo.

Instalación de Python en Windows

Paso 1: Descargar Python

1. Abre tu navegador y visita la página oficial de Python:

   https://www.python.org/downloads/

2. Verás un botón grande con el mensaje "Download Python 3.x.x" (el número varía según la última versión disponible).

3. Descarga el archivo .exe y guárdalo en una ubicación accesible.

Paso 2: Instalar Python

1. Abre el instalador que descargaste.

2. MUY IMPORTANTE: Antes de hacer clic en "Install Now", marca la casilla "Add Python to PATH".

3. Luego, haz clic en "Install Now" y espera a que termine la instalación.

4. Una vez finalizada la instalación, haz clic en "Close".

Paso 3: Verificar la Instalación

Para asegurarnos de que Python está instalado correctamente:

1. Abre el Símbolo del sistema (cmd) presionando `Win + R`, escribiendo `cmd` y presionando `Enter`.

2. Escribe el siguiente comando y presiona `Enter`:

```
python --version
```

Deberías ver algo como:

```
Python 3.x.x
```

Si ves este mensaje, Python se instaló correctamente.

Instalación de Python en macOS

Paso 1: Descargar e Instalar Python

1. Abre tu navegador y ve a:

   https://www.python.org/downloads/mac-osx/

2. Descarga la última versión de Python (`.pkg`).

3. Abre el archivo y sigue las instrucciones del instalador.

4. Al finalizar, Python estará disponible en tu sistema.

Paso 2: Verificar la Instalación

1. Abre la Terminal (`Cmd + Espacio` → Escribe "Terminal" → Presiona `Enter`).

2. Escribe el siguiente comando y presiona `Enter` :

```
python3 --version
```

Si ves algo como `Python 3.x.x` , la instalación fue exitosa.

Instalación de Python en Linux (Ubuntu/Debian)

En la mayoría de distribuciones modernas, Python ya viene instalado. Para verificarlo:

```
python3 --version
```

Si no está instalado, sigue estos pasos:

Paso 1: Instalar Python

Abre una terminal (`Ctrl + Alt + T`) y ejecuta:

```
sudo apt update

sudo apt install python3 python3-pip -y
```

Paso 2: Verificar la Instalación

Ejecuta:

```
python3 --version
```

Si ves `Python 3.x.x`, la instalación fue exitosa.

2 Uso de Entornos Virtuales con `venv` y `pip`

¿Qué es un entorno virtual?

Un entorno virtual nos permite instalar paquetes de Python de forma aislada, evitando conflictos con otras versiones o proyectos.

Creación de un Entorno Virtual

1. Abre la terminal o línea de comandos.

2. Navega a la carpeta donde deseas crear el entorno.

```
mkdir mi_proyecto

cd mi_proyecto
```

3. Crea el entorno virtual:

   Windows:

```
python -m venv env
```

macOS/Linux:

```
python3 -m venv env
```

4. Activar el entorno virtual

Windows (CMD o PowerShell):

```
env\Scripts\activate
```

macOS/Linux:

```
source env/bin/activate
```

5. Verás que el prompt de la terminal cambia, indicando que el entorno está activo.
6. Para desactivar el entorno virtual:

```
deactivate
```

Instalación de Dependencias con `pip`

`pip` es el gestor de paquetes de Python. Con él, instalaremos todas las herramientas necesarias para nuestra app.

Ejemplo: Instalar Kivy y KivyMD dentro del entorno virtual:

```
pip install kivy kivymd
```

Para ver los paquetes instalados:

```
pip list
```

3 Instalación y Configuración de VS Code

¿Por qué usar VS Code?

- ○ Ligero y rápido
- ○ Extensiones útiles para Python
- ○ Compatible con Windows, macOS y Linux

Instalación de VS Code

1. Descarga desde:

   https://code.visualstudio.com/

2. Ejecuta el instalador y sigue las instrucciones.

Configuración de VS Code para Python

1. Abrir VS Code y hacer clic en Extensiones (`Ctrl + Shift + X`).

2. Buscar e instalar:
   - Python (Microsoft)
   - Pylance (para autocompletado)

3. Abrir una terminal en VS Code (`Ctrl + ñ`).

4. Activar el entorno virtual en VS Code:

   Windows (PowerShell)

```
.\env\Scripts\Activate
```

   macOS/Linux

```
source env/bin/activate
```

5. Verificar que VS Code detecta Python

- Abre un archivo `.py`

- En la barra inferior, selecciona el intérprete de Python (`Ctrl + Shift + P` → "Python: Select Interpreter")

- Selecciona la versión del entorno virtual (`env/bin/python`)

Ahora VS Code está listo para programar en Python.

• Autoevaluación 1: Instalación y Configuración

Preguntas de opción múltiple

1 ¿Qué comando se usa para instalar Python en Ubuntu?

2 ¿Para qué sirve `venv` en Python?

3 ¿Cómo se activa un entorno virtual en macOS/Linux?

4 ¿Cuál es el gestor de paquetes en Python?

5 ¿Qué extensión es necesaria en VS Code para Python?

• Respuestas correctas:

1 `sudo apt install python3`

2 Para crear entornos virtuales

3 `source env/bin/activate`

4 `pip`

5 `Python (Microsoft)`

Próximo Paso: Capítulo 2 - Fundamentos de Programación en Python

¿Listo para seguir?

Capítulo 2: Fundamentos de Programación en Python

Objetivo del capítulo:

En este capítulo, aprenderemos los fundamentos esenciales de Python que utilizaremos en el desarrollo de nuestra aplicación. Nos enfocaremos en:

• Sintaxis y estructuras de control

• Manejo de datos y funciones

• Programación orientada a objetos (POO)

• Depuración y manejo de errores

Este capítulo es crucial para asegurar una base sólida antes de avanzar con el desarrollo de nuestra app.

1 Variables, Tipos de Datos y Operaciones

¿Qué es una variable en Python?

Una variable es un espacio en memoria donde almacenamos datos. En Python, no es necesario declarar el tipo de dato, ya que es un lenguaje dinámicamente tipado.

```python
# Declaración de variables

nombre = "Ana"

edad = 25

altura = 1.75

es_programador = True

print(nombre, edad, altura, es_programador)
```

Reglas para nombrar variables en Python:

• Deben comenzar con una letra o guion bajo (_)

• No pueden comenzar con un número

• No pueden contener espacios ni caracteres especiales

Tipos de Datos en Python

Python tiene múltiples tipos de datos. Los más usados son:

Tipo	Descripción	Ejemplo
int	Números enteros	10, -5, 1000
float	Números decimales	3.14, -2.5, 100.0
str	Cadenas de texto	"Hola, mundo!"
bool	Booleanos (Verdadero/Falso)	True, False
list	Listas (mutables)	[1, 2, 3, 4]
tuple	Tuplas (inmutables)	(10, 20, 30)
dict	Diccionarios (clave-valor)	{"nombre": "Ana", "edad": 25}

Operaciones Básicas en Python

```python
# Operaciones matemáticas

suma = 5 + 3

resta = 10 - 2

multiplicacion = 4 * 3

division = 10 / 2  # Devuelve un float

division_entera = 10 // 3  # Devuelve un entero

modulo = 10 % 3  # Resto de la división

potencia = 2  3  # 2 elevado a la 3

print(suma, resta, multiplicacion, division, division_entera, modulo,
potencia)
```

2 Estructuras de Control: Condiciones y Bucles

Sentencias Condicionales (`if`, `elif`, `else`)

Las estructuras condicionales permiten ejecutar código según una condición.

```python
edad = 18

if edad >= 18:

    print("Eres mayor de edad")

elif edad >= 13:

    print("Eres un adolescente")

else:

    print("Eres un niño")
```

Bucles (`for` y `while`)

`for` : Itera sobre listas, rangos, cadenas, etc.

```python
for i in range(5):  # Itera desde 0 hasta 4

    print("Iteración:", i)
```

`while` : Ejecuta el bloque mientras la condición sea verdadera.

```
contador = 0

while contador < 5:

    print("Contador:", contador)

    contador += 1
```

3 Funciones en Python

Definición y Uso de Funciones

Una función es un bloque de código reutilizable. Se define con `def`.

```
def saludar(nombre):

    return f"Hola, {nombre}!"

print(saludar("Ana"))
```

Parámetros por defecto:

```
def potencia(base, exponente=2):  # Si no se pasa exponente, usa 2
por defecto

    return base  exponente

print(potencia(3))  # 3² = 9

print(potencia(3, 3))  # 3³ = 27
```

4 Programación Orientada a Objetos (POO) en Python

¿Qué es la POO?

La POO (Programación Orientada a Objetos) es un paradigma de programación basado en clases y objetos.

Definiendo una Clase y Creando un Objeto

```python
class Persona:

    def __init__(self, nombre, edad):

        self.nombre = nombre

        self.edad = edad

    def presentarse(self):

        return f"Hola, soy {self.nombre} y tengo {self.edad} años."

persona1 = Persona("Ana", 25)

print(persona1.presentarse())
```

Explicación:

- `__init__` : Método que inicializa los atributos.
- `self` : Hace referencia al objeto que se crea.
- `presentarse()` : Método que devuelve un mensaje.

Herencia en Python

Podemos crear una nueva clase basada en otra.

```python
class Estudiante(Persona):

    def __init__(self, nombre, edad, carrera):

        super().__init__(nombre, edad)

        self.carrera = carrera
```

```python
    def presentarse(self):

        return f"Hola, soy {self.nombre}, estudio {self.carrera}."

estudiante1 = Estudiante("Luis", 20, "Ingeniería")

print(estudiante1.presentarse())
```

5 Manejo de Errores y Depuración

Captura de Excepciones (`try-except`)

Python nos permite manejar errores para evitar que el programa se detenga.

```python
try:

    numero = int(input("Ingresa un número: "))

    resultado = 10 / numero

    print(f"Resultado: {resultado}")

except ZeroDivisionError:

    print("Error: No puedes dividir por cero.")

except ValueError:

    print("Error: Debes ingresar un número válido.")
```

• Autoevaluación 2: Fundamentos de Python

Responde las siguientes preguntas:

1 ¿Cómo se declara una variable en Python?

2 ¿Qué función se usa para imprimir en pantalla?

3 ¿Cuál es la diferencia entre `for` y `while`?

4 ¿Qué palabra clave se usa para definir una función?

5 ¿Qué es una clase en Python?

• Respuestas Correctas:

1 `mi_variable = "Hola"`

2 `print()`

3 `for` se usa para iterar sobre una secuencia, `while` ejecuta mientras una condición sea verdadera.

4 `def`

5 Una clase es un modelo para crear objetos con atributos y métodos.

Próximo Paso: Capítulo 3 - Instalación y Configuración de Kivy y KivyMD

En el siguiente capítulo, instalaremos Kivy y KivyMD, configuraremos nuestro entorno y crearemos nuestra primera interfaz gráfica.

¿Listo para continuar?

Capítulo 3: Instalación y Configuración de Kivy y KivyMD

Objetivo del capítulo:

En este capítulo, aprenderemos a instalar y configurar Kivy y KivyMD, las tecnologías que utilizaremos para desarrollar la interfaz gráfica de nuestra aplicación.

¿Qué aprenderás?

• Qué es Kivy y cómo se compara con otras opciones.

• Instalación de Kivy y KivyMD en Windows, macOS y Linux.

• Prueba de instalación con una aplicación básica "Hola Mundo".

1 ¿Qué es Kivy y por qué usarlo?

Kivy es un framework multiplataforma para crear aplicaciones gráficas usando Python.

Ventajas de Kivy

• Compatible con Android, iOS, Windows, macOS y Linux .

• Escrito en Python , fácil de aprender y extender.

• Soporta pantallas táctiles, gestos y animaciones.

• Usa OpenGL para interfaces fluidas y modernas.

• Código único para múltiples plataformas.

2 Instalación de Kivy en Windows, macOS y Linux

Antes de instalar Kivy, asegúrate de tener:

• Python 3.x instalado y funcionando (`python --version`).

• Un entorno virtual activado (`venv`).

Instalación en Windows

1. Abrir una terminal (cmd o PowerShell).

2. Activar el entorno virtual:

```
env\Scripts\activate
```

3. Instalar Kivy y sus dependencias:

```
pip install kivy
```

4. Instalar KivyMD:

```
pip install kivymd
```

5. Verificar instalación:

```
python -c "import kivy; print(kivy.__version__)"
```

Si muestra un número de versión, la instalación fue exitosa .

Instalación en macOS

1. Abrir la terminal (`Cmd + Espacio → Terminal`).

2. Activar el entorno virtual:

```
source env/bin/activate
```

3. Instalar Kivy y dependencias:

```
pip install kivy
```

4. Instalar KivyMD:

```
pip install kivymd
```

5. Verificar la instalación:

```
python3 -c "import kivy; print(kivy.__version__)"
```

Instalación en Linux (Ubuntu/Debian)

1. Actualizar paquetes e instalar dependencias:

```
sudo apt update

sudo apt install python3-pip python3-venv libgl1-mesa-glx -y
```

2. Activar el entorno virtual:

```
source env/bin/activate
```

3. Instalar Kivy y dependencias:

```
pip install kivy
```

4. Instalar KivyMD:

```
pip install kivymd
```

5. Verificar instalación:

```
python3 -c "import kivy; print(kivy.__version__)"
```

Si todo salió bien, ahora estamos listos para crear nuestra primera app en Kivy!

3 Creación de una Aplicación Básica con Kivy y KivyMD

Estructura del Proyecto en Kivy

Cada proyecto en Kivy sigue una estructura organizada.

mi_proyecto/

├── 📄 `main.py` (Código principal de la app)
├── 📄 `kv_file.kv` (Diseño de la interfaz)
└── 📁 `assets/` (Imágenes, íconos y otros recursos)

Vamos a crear nuestra primera app en Kivy!

Código Base: "Hola Mundo" con Kivy

Crear el archivo `main.py` con el siguiente código:

```python
from kivy.app import App

from kivy.uix.label import Label

class MiPrimeraApp(App):

    def build(self):

        return Label(text="¡Hola Mundo con Kivy!")

if __name__ == "__main__":

    MiPrimeraApp().run()
```

Código Base: "Hola Mundo" con KivyMD

Crear el archivo `main.py` con el siguiente código:

```python
from kivymd.app import MDApp

from kivymd.uix.label import MDLabel

class MiPrimeraApp(MDApp):

    def build(self):

        return MDLabel(text="¡Hola Mundo con KivyMD!",
halign="center")
```

```
if __name__ == "__main__":

    MiPrimeraApp().run()
```

Ejecutar la Aplicación

Para ejecutar la app, usa:

```
python main.py
```

Si todo está bien, deberías ver una ventana con el texto "¡Hola Mundo!"

• Autoevaluación 3: Instalación y Configuración de Kivy y KivyMD

Responde las siguientes preguntas:

1 ¿Qué comando instala Kivy en Windows?

2 ¿Cuál es la diferencia entre Kivy y KivyMD?

3 ¿Qué función se usa en Kivy para definir la interfaz gráfica?

4 ¿Cómo se ejecuta una aplicación de Kivy?

5 ¿Qué método de Python es necesario en una clase Kivy para inicializar la app?

• Respuestas Correctas:

1 `pip install kivy`

2 Kivy es el framework base, KivyMD agrega componentes de Material Design.

3 `build()`

4 `python main.py`

5 `def build(self):`

Próximo Paso: Capítulo 4 - Creación de la Interfaz del Chat con KivyMD

En el siguiente capítulo, construiremos la interfaz del Chat con IA, usando botones, listas y navegación con KivyMD.

¿Listo para continuar?

Capítulo 4: Creación de la Interfaz del Chat con KivyMD

Objetivo del capítulo:

En este capítulo, crearemos la interfaz gráfica de nuestro Chat con IA utilizando KivyMD.

¿Qué aprenderás?

• Diseño de la pantalla de inicio con KivyMD.

• Implementación de `ScreenManager` para la navegación.

• Creación del campo de texto y botón de envío de mensajes.

Este capítulo es clave, porque estructuraremos la interfaz que permitirá a los usuarios interactuar con el chatbot de IA.

1 Diseño de la Pantalla de Inicio con KivyMD

La pantalla de inicio debe:

• Tener un encabezado con el nombre de la app.

• Mostrar una lista de mensajes enviados y recibidos.

• Incluir un campo de entrada de texto y botón de envío.

Estructura del proyecto antes de comenzar:

chat_app/

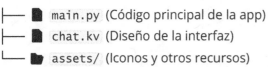

├── 📄 `main.py` (Código principal de la app)
├── 📄 `chat.kv` (Diseño de la interfaz)
└── 📁 `assets/` (Iconos y otros recursos)

Vamos a estructurar la app para que sea fácil de mantener y escalar.

Código Base: Estructura de la App con KivyMD

Crear el archivo `main.py` con la lógica principal:

```python
from kivymd.app import MDApp

from kivy.lang import Builder

from kivy.uix.screenmanager import ScreenManager, Screen

# Cargar el archivo KV

KV = """

ScreenManager:

    ChatScreen:

<ChatScreen>:

    name: "chat"

    BoxLayout:

        orientation: 'vertical'

        MDToolbar:

            title: "Chat IA"

            elevation: 10

        ScrollView:

            MDList:

                id: message_list

        BoxLayout:

            size_hint_y: None

            height: "50dp"
```

```
            MDTextField:

                id: input_message

                hint_text: "Escribe tu mensaje..."

                mode: "rectangle"

                size_hint_x: 0.8

            MDRaisedButton:

                text: "Enviar"

                on_release: app.send_message()
"""

class ChatScreen(Screen):

    pass

class ChatApp(MDApp):

    def build(self):

        return Builder.load_string(KV)

    def send_message(self):

        message = self.root.get_screen("chat").ids.input_message.text

        if message.strip():

            self.root.get_screen("chat").ids.message_list.add_widget(

                MDLabel(text=f"Yo: {message}", halign="left")

            )

            self.root.get_screen("chat").ids.input_message.text = ""

if __name__ == "__main__":

    ChatApp().run()
```

2 Implementación de ScreenManager para la Navegación

¿Por qué usar `ScreenManager`?

• Permite múltiples pantallas en la app (ej. login, chat, ajustes).

• Facilita la transición entre pantallas.

• Organiza mejor la aplicación.

Añadiendo una pantalla de inicio y chat:

```
ScreenManager:

    WelcomeScreen:

    ChatScreen:

<WelcomeScreen>:

    name: "welcome"

    BoxLayout:

        orientation: 'vertical'

        spacing: "20dp"

        padding: "20dp"

        MDLabel:

            text: "Bienvenido a Chat IA"

            halign: "center"

            theme_text_color: "Secondary"

        MDRaisedButton:

            text: "Ir al Chat"
```

```
                    pos_hint: {"center_x": 0.5}

                    on_release: app.change_screen("chat")

<ChatScreen>:

        name: "chat"

        BoxLayout:

                orientation: 'vertical'

                MDToolbar:

                        title: "Chat IA"

                        elevation: 10

                ScrollView:

                        MDList:

                                id: message_list

                BoxLayout:

                        size_hint_y: None

                        height: "50dp"

                        MDTextField:

                                id: input_message

                                hint_text: "Escribe tu mensaje..."

                                mode: "rectangle"

                                size_hint_x: 0.8

                        MDRaisedButton:

                                text: "Enviar"

                                on_release: app.send_message()
```

Modificamos `main.py` para controlar la navegación:

```python
class ChatApp(MDApp):

    def build(self):

        return Builder.load_string(KV)

    def change_screen(self, screen_name):

        self.root.current = screen_name
```

• Ahora la app inicia en la pantalla de bienvenida y permite navegar al chat.

3 Creación del Campo de Texto y Botón de Envío de Mensajes

Elementos clave:

• `MDTextField` para ingresar el mensaje.

• `MDRaisedButton` para enviarlo.

• `MDList` dentro de `ScrollView` para mostrar mensajes.

Código modificado en `chat.kv` para mejorar el diseño:

```
BoxLayout:

    size_hint_y: None

    height: "50dp"

    padding: "10dp"

    MDTextField:

        id: input_message

        hint_text: "Escribe tu mensaje..."
```

```
        mode: "rectangle"

        size_hint_x: 0.8

    MDRaisedButton:

        text: "Enviar"

        on_release: app.send_message()
```

• Resultado esperado:

Cuando el usuario escribe un mensaje y presiona "Enviar", este se agrega a la lista de mensajes en la pantalla.

Vamos a modificar `send_message()` en `main.py` para actualizar la lista:

```python
def send_message(self):

    message = self.root.get_screen("chat").ids.input_message.text

    if message.strip():

        self.root.get_screen("chat").ids.message_list.add_widget(

            MDLabel(text=f"Yo: {message}", halign="left",
theme_text_color="Primary")

        )

        self.root.get_screen("chat").ids.input_message.text = ""
```

• Ahora, los mensajes ingresados aparecerán en la lista del chat.

• Autoevaluación 4: Creación de la Interfaz del Chat

Responde las siguientes preguntas:

1 ¿Qué elemento usamos para la navegación entre pantallas en KivyMD?

2 ¿Qué widget usamos para ingresar texto en KivyMD?

3 ¿Cómo se envía un mensaje en la app de chat?

4 ¿Qué método se usa en `ScreenManager` para cambiar de pantalla?

5 ¿Qué widget permite mostrar una lista de mensajes en KivyMD?

• Respuestas Correctas:

1 `ScreenManager`

2 `MDTextField`

3 Mediante `MDRaisedButton` y la función `send_message()`

4 `self.root.current = "nombre_de_pantalla"`

5 `MDList` dentro de un `ScrollView`

Próximo Paso: Capítulo 5 - Mejorando la UI con Material Design

En el siguiente capítulo, agregaremos animaciones, colores personalizados y mejoras visuales para que la app tenga un diseño más atractivo.

¿Listo para continuar?

Capítulo 5: Mejorando la UI con Material Design

Objetivo del capítulo:

En este capítulo, mejoraremos la interfaz de nuestra aplicación de chat con IA utilizando los principios de Material Design en KivyMD.

¿Qué aprenderás?

• Personalización de colores y temas en KivyMD.

• Uso de animaciones y efectos visuales.

• Mejora en la experiencia del usuario con transiciones suaves.

Este capítulo es clave, porque hará que nuestra app se vea más profesional y atractiva.

1 Personalización de Colores y Temas en KivyMD

KivyMD permite aplicar temas globales a nuestra aplicación.

Podemos elegir entre tema claro y tema oscuro.

Configurar el Tema de la App

Modificamos `main.py` para aplicar un tema global:

```python
from kivymd.app import MDApp

from kivy.lang import Builder

from kivy.uix.screenmanager import ScreenManager, Screen

from kivymd.theming import ThemeManager

KV = """

ScreenManager:

    WelcomeScreen:

    ChatScreen:

<WelcomeScreen>:

    name: "welcome"

    BoxLayout:

        orientation: 'vertical'

        spacing: "20dp"

        padding: "20dp"

        MDLabel:

            text: "Bienvenido a Chat IA"
```

```
            halign: "center"

            theme_text_color: "Secondary"

        MDRaisedButton:

            text: "Ir al Chat"

            md_bg_color: app.theme_cls.primary_color

            pos_hint: {"center_x": 0.5}

            on_release: app.change_screen("chat")

<ChatScreen>:

    name: "chat"

    BoxLayout:

        orientation: 'vertical'

        MDToolbar:

            title: "Chat IA"

            md_bg_color: app.theme_cls.primary_color

            elevation: 10

        ScrollView:

            MDList:

                id: message_list

        BoxLayout:

            size_hint_y: None

            height: "50dp"

            padding: "10dp"

            MDTextField:
```

```
                id: input_message

                hint_text: "Escribe tu mensaje..."

                mode: "rectangle"

                size_hint_x: 0.8

            MDRaisedButton:

                text: "Enviar"

                md_bg_color: app.theme_cls.primary_color

                on_release: app.send_message()
"""

class ChatApp(MDApp):

    def build(self):

        self.theme_cls.theme_style = "Dark"  # "Light" para tema
claro

        self.theme_cls.primary_palette = "Blue"

        return Builder.load_string(KV)

    def change_screen(self, screen_name):

        self.root.current = screen_name

if __name__ == "__main__":

    ChatApp().run()
```

Explicación de mejoras:

• `self.theme_cls.theme_style = "Dark"` → Habilita modo oscuro.

• `self.theme_cls.primary_palette = "Blue"` → Usa azul como color principal.

• `md_bg_color: app.theme_cls.primary_color` → Aplica el color principal a botones y barra de herramientas.

• Resultado: La app tendrá modo oscuro y colores personalizados en toda la interfaz.

2 Uso de Animaciones en KivyMD

Las animaciones hacen que la app se sienta más fluida y moderna.

En KivyMD, podemos animar botones, etiquetas, pantallas y más.

Ejemplo: Animación al Mostrar Mensajes en el Chat

Modificamos `send_message()` en `main.py` para animar cada mensaje.

```python
from kivymd.uix.label import MDLabel

from kivy.animation import Animation

def send_message(self):

    message = self.root.get_screen("chat").ids.input_message.text

    if message.strip():

        new_message = MDLabel(

            text=f"Yo: {message}",

            halign="left",

            theme_text_color="Primary",

            opacity=0

        )

    self.root.get_screen("chat").ids.message_list.add_widget(new_message
    )

        # Crear una animación para que el mensaje aparezca con un
efecto
```

```
    anim = Animation(opacity=1, duration=0.5)

    anim.start(new_message)

    self.root.get_screen("chat").ids.input_message.text = ""
```

Explicación:

• Cada mensaje comienza invisible (opacity=0).

• Se anima con un efecto de aparición (Animation(opacity=1, duration=0.5)).

• Resultado: Los mensajes aparecerán con un efecto suave en el chat.

Ejemplo: Animación de Botones al Presionar

Añadimos un pequeño efecto de rebote al presionar el botón de envío.

```python
from kivy.animation import Animation

def animate_button(self, button):

    anim = Animation(scale=1.1, duration=0.1) + Animation(scale=1,
duration=0.1)

    anim.start(button)
```

Modificamos el botón en chat.kv :

```
MDRaisedButton:

    text: "Enviar"

    md_bg_color: app.theme_cls.primary_color

    on_release:

        app.animate_button(self)

        app.send_message()
```

• Resultado: Efecto de rebote en el botón cuando el usuario lo presiona.

3 Experiencia del Usuario: Mejorando la Interfaz

Ahora, mejoramos la interfaz con detalles adicionales:

• Icono en la barra de herramientas.

• Efectos de fondo.

• Cambio de temas en tiempo real.

Modificamos `chat.kv` para agregar un icono al toolbar:

```
MDToolbar:

    title: "Chat IA"

    icon: "robot"  # Agrega un icono de robot

    md_bg_color: app.theme_cls.primary_color

    elevation: 10
```

Agregamos una opción para cambiar de tema en tiempo real:

```
MDFloatingActionButton:

    icon: "theme-light-dark"

    pos_hint: {"center_x": 0.9, "center_y": 0.9}

    on_release: app.toggle_theme()
```

Modificamos `main.py` para cambiar el tema dinámicamente:

```
def toggle_theme(self):

    if self.theme_cls.theme_style == "Dark":

        self.theme_cls.theme_style = "Light"

    else:

        self.theme_cls.theme_style = "Dark"
```

• Resultado: El usuario puede cambiar entre modo oscuro y claro con un botón flotante.

• Autoevaluación 5: Mejorando la UI con Material Design

Responde las siguientes preguntas:

1 ¿Cómo se configura el modo oscuro en KivyMD?

2 ¿Qué widget usamos para mostrar iconos en la barra de herramientas?

3 ¿Cómo se aplica una animación a un mensaje en KivyMD?

4 ¿Qué función nos permite cambiar de tema en tiempo real?

5 ¿Cómo se cambia el color primario de la app?

• Respuestas Correctas:

1 `self.theme_cls.theme_style = "Dark"`

2 `MDToolbar` con el atributo `icon`

3 Usando `Animation(opacity=1, duration=0.5).start(widget)`

4 `app.toggle_theme()`

5 `self.theme_cls.primary_palette = "Blue"`

Próximo Paso: Capítulo 6 - Manejo de Navegación y Pantallas

En el siguiente capítulo, implementaremos navegación avanzada con varias pantallas en la app, como Login, Chat y Configuración.

¿Listo para continuar?

Capítulo 6: Manejo de Navegación y Pantallas en KivyMD

Objetivo del capítulo:

En este capítulo, aprenderemos a manejar la navegación entre múltiples pantallas en nuestra aplicación de chat con IA.

¿Qué aprenderás?

• Uso de `ScreenManager` para gestionar múltiples pantallas.

• Creación de pantallas para Login, Chat y Configuración.

• Implementación de transiciones animadas entre pantallas.

Este capítulo es crucial para estructurar nuestra app correctamente y mejorar la experiencia del usuario.

1 Implementando `ScreenManager` para la Navegación

¿Qué es `ScreenManager`?

Es un gestor de pantallas en KivyMD que permite cambiar entre diferentes secciones de la app.

Estructura del proyecto con múltiples pantallas:

chat_app/

├── 🗎 main.py (Código principal)
├── 🗎 chat.kv (Diseño de la interfaz)
└── 📂 assets/ (Iconos y recursos)

Vamos a modificar `chat.kv` para incluir `ScreenManager`.

Código Base: `chat.kv` con `ScreenManager`

```
ScreenManager:

    LoginScreen:

    ChatScreen:

    ConfigScreen:

<LoginScreen>:

    name: "login"

    BoxLayout:

        orientation: 'vertical'

        spacing: "20dp"

        padding: "40dp"

        MDLabel:

            text: "Iniciar Sesión"

            halign: "center"

            theme_text_color: "Primary"

            font_style: "H4"

        MDTextField:

            id: username
```

```
        hint_text: "Usuario"

        mode: "rectangle"

    MDTextField:

        id: password

        hint_text: "Contraseña"

        password: True

        mode: "rectangle"

    MDRaisedButton:

        text: "Ingresar"

        md_bg_color: app.theme_cls.primary_color

        pos_hint: {"center_x": 0.5}

        on_release: app.verify_login()

<ChatScreen>:

    name: "chat"

    BoxLayout:

        orientation: 'vertical'

        MDToolbar:

            title: "Chat IA"

            md_bg_color: app.theme_cls.primary_color

            elevation: 10

            left_action_items: [["arrow-left", lambda x:
app.change_screen("login")]]

            right_action_items: [["cog", lambda x:
app.change_screen("config")]]
```

```
        ScrollView:

            MDList:

                id: message_list

        BoxLayout:

            size_hint_y: None

            height: "50dp"

            padding: "10dp"

            MDTextField:

                id: input_message

                hint_text: "Escribe tu mensaje..."

                mode: "rectangle"

                size_hint_x: 0.8

            MDRaisedButton:

                text: "Enviar"

                md_bg_color: app.theme_cls.primary_color

                on_release: app.send_message()

<ConfigScreen>:

    name: "config"

    BoxLayout:

        orientation: 'vertical'

        spacing: "20dp"

        padding: "40dp"

        MDLabel:
```

```
        text: "Configuración"

        halign: "center"

        font_style: "H4"

    MDRaisedButton:

        text: "Modo Claro / Oscuro"

        md_bg_color: app.theme_cls.primary_color

        pos_hint: {"center_x": 0.5}

        on_release: app.toggle_theme()

    MDRaisedButton:

        text: "Volver al Chat"

        pos_hint: {"center_x": 0.5}

        on_release: app.change_screen("chat")
```

Explicación:

• Pantalla de Login (LoginScreen): Contiene los campos de usuario y contraseña.

• Pantalla de Chat (ChatScreen): Barra de herramientas con botones para regresar e ir a configuración.

• Pantalla de Configuración (ConfigScreen): Permite cambiar el tema entre claro y oscuro.

2 Control de Navegación en `main.py`

Modificamos `main.py` para manejar los cambios de pantalla.

```
from kivymd.app import MDApp

from kivy.lang import Builder
```

```python
from kivy.uix.screenmanager import ScreenManager, Screen

KV = Builder.load_file("chat.kv")

class LoginScreen(Screen):

    pass

class ChatScreen(Screen):

    pass

class ConfigScreen(Screen):

    pass

class ChatApp(MDApp):

    def build(self):

        self.theme_cls.theme_style = "Dark"

        self.theme_cls.primary_palette = "Blue"

        sm = ScreenManager()

        sm.add_widget(LoginScreen(name="login"))

        sm.add_widget(ChatScreen(name="chat"))

        sm.add_widget(ConfigScreen(name="config"))

        return sm

    def change_screen(self, screen_name):

        self.root.current = screen_name

    def toggle_theme(self):

        self.theme_cls.theme_style = "Light" if
self.theme_cls.theme_style == "Dark" else "Dark"

    def verify_login(self):

        # Simulación de verificación de usuario (sin backend aún)
```

```python
        self.change_screen("chat")

    def send_message(self):

        message = self.root.get_screen("chat").ids.input_message.text

        if message.strip():

            self.root.get_screen("chat").ids.message_list.add_widget(

                MDLabel(text=f"Yo: {message}", halign="left",
    theme_text_color="Primary")

            )

            self.root.get_screen("chat").ids.input_message.text = ""

if __name__ == "__main__":

    ChatApp().run()
```

Explicación de mejoras:

- `verify_login()` → Simula un inicio de sesión y cambia a la pantalla del chat.

- `change_screen(screen_name)` → Maneja la navegación entre pantallas.

- `toggle_theme()` → Alterna entre modo oscuro y claro desde Configuración.

- Resultado: Ahora podemos navegar entre Login, Chat y Configuración.

3 Agregando Transiciones Animadas entre Pantallas

Para hacer la navegación más atractiva, agregamos transiciones suaves.

Modificamos `main.py` para incluir efectos al cambiar de pantalla.

```
from kivy.uix.screenmanager import SlideTransition

def change_screen(self, screen_name):

    self.root.transition = SlideTransition(direction="left")

    self.root.current = screen_name
```

Opciones de transición disponibles:

- `SlideTransition(direction="left")` → Efecto de deslizamiento.

- `FadeTransition()` → Efecto de desvanecimiento.

- `SwapTransition()` → Efecto de cambio instantáneo.

• Resultado: Transiciones suaves al cambiar de pantalla.

• Autoevaluación 6: Manejo de Navegación y Pantallas

Responde las siguientes preguntas:

1 ¿Qué widget de KivyMD se usa para manejar múltiples pantallas?

2 ¿Cómo se define el nombre de una pantalla en KivyMD?

3 ¿Qué función permite cambiar de pantalla en `ScreenManager`?

4 ¿Cómo se agregan animaciones de transición entre pantallas?

5 ¿Qué método permite cambiar el tema de la app en tiempo real?

• Respuestas Correctas:

1 `ScreenManager`

2 `name: "nombre_de_pantalla"`

3 `self.root.current = "nombre_de_pantalla"`

4 `self.root.transition = SlideTransition(direction="left")`

5 `self.theme_cls.theme_style = "Light" if self.theme_cls.theme_style == "Dark" else "Dark"`

Próximo Paso: Capítulo 7 - Configuración de la Base de Datos MySQL

En el siguiente capítulo, configuraremos una base de datos MySQL y aprenderemos a conectar nuestra app con un backend en FastAPI y GraphQL.

¿Listo para continuar?

Capítulo 7: Configuración de la Base de Datos MySQL

Objetivo del capítulo:

En este capítulo, configuraremos una base de datos MySQL y aprenderemos a conectar nuestra aplicación con un backend en FastAPI y GraphQL.

¿Qué aprenderás?

• Instalación y configuración de MySQL en Windows, macOS y Linux.

• Creación de la base de datos y las tablas necesarias.

• Uso de SQLAlchemy para manejar la base de datos en Python.

• Conexión del backend con FastAPI y GraphQL.

Este capítulo es crucial porque permitirá almacenar y recuperar datos del usuario y del chat.

1 Instalación y Configuración de MySQL

MySQL es un sistema de gestión de bases de datos relacional (RDBMS) ampliamente utilizado.

Instalación de MySQL en Windows

1 Descargar MySQL Installer:

https://dev.mysql.com/downloads/installer/

2 Seleccionar "MySQL Server" y "MySQL Workbench" en la instalación.

3 Configurar un usuario root y una contraseña segura.

4 Verificar la instalación ejecutando en la línea de comandos:

```
mysql --version
```

• Si ves la versión de MySQL, la instalación fue exitosa.

Instalación de MySQL en macOS

1 Usar Homebrew para instalar MySQL:

```
brew install mysql
```

2 Iniciar MySQL:

```
brew services start mysql
```

3 Verificar conexión:

```
mysql -u root -p
```

• Si puedes acceder a la consola de MySQL, la instalación fue exitosa.

Instalación de MySQL en Linux (Ubuntu/Debian)

1 Actualizar paquetes e instalar MySQL:

```
sudo apt update

sudo apt install mysql-server -y
```

2 Configurar seguridad:

```
sudo mysql_secure_installation
```

3 Verificar conexión:

```
mysql -u root -p
```

• Si puedes iniciar sesión en MySQL, la instalación fue exitosa.

2 Creación de la Base de Datos y Tablas

Creamos una base de datos para nuestra aplicación de chat.

Abrimos la consola de MySQL y ejecutamos:

```
CREATE DATABASE chatdb;

USE chatdb;

CREATE TABLE users (

    id INT AUTO_INCREMENT PRIMARY KEY,

    username VARCHAR(50) UNIQUE NOT NULL,

    password_hash VARCHAR(255) NOT NULL

);

CREATE TABLE messages (

    id INT AUTO_INCREMENT PRIMARY KEY,

    user_id INT,

    message TEXT NOT NULL,

    timestamp TIMESTAMP DEFAULT CURRENT_TIMESTAMP,
```

```
    FOREIGN KEY (user_id) REFERENCES users(id) ON DELETE CASCADE

);
```

• Base de datos creada con las tablas necesarias para el chat.

3 Conexión del Backend con SQLAlchemy

Usaremos SQLAlchemy para interactuar con la base de datos en Python.

Instalamos las dependencias en el entorno virtual:

```
pip install sqlalchemy pymysql fastapi uvicorn strawberry-graphql
```

Configuración de la Conexión en `database.py`

Creamos un archivo `database.py` para manejar la conexión:

```python
from sqlalchemy import create_engine, Column, Integer, String, Text,
ForeignKey, DateTime, func

from sqlalchemy.orm import sessionmaker, declarative_base

DATABASE_URL = "mysql+pymysql://root:tu_contraseña@localhost/chatdb"

engine = create_engine(DATABASE_URL)

SessionLocal = sessionmaker(autocommit=False, autoflush=False,
bind=engine)

Base = declarative_base()
```

• Conexión establecida con MySQL.

Definición de los Modelos en `models.py`

Creamos el archivo `models.py` para definir nuestras tablas:

```python
from sqlalchemy import Column, Integer, String, Text, ForeignKey,
DateTime

from sqlalchemy.orm import relationship

from database import Base

from datetime import datetime

class User(Base):

    __tablename__ = 'users'

    id = Column(Integer, primary_key=True, index=True)

    username = Column(String, unique=True, nullable=False)

    password_hash = Column(String, nullable=False)

    messages = relationship("Message", back_populates="user")

class Message(Base):

    __tablename__ = 'messages'

    id = Column(Integer, primary_key=True, index=True)

    user_id = Column(Integer, ForeignKey('users.id'))

    message = Column(Text, nullable=False)

    timestamp = Column(DateTime, default=datetime.utcnow)

    user = relationship("User", back_populates="messages")
```

• Ahora tenemos nuestras tablas mapeadas en Python.

4 Creación del Backend con FastAPI y GraphQL

Vamos a crear un servidor FastAPI con GraphQL para manejar los datos.

Creamos el archivo `main.py` con las rutas GraphQL:

```python
from fastapi import FastAPI, Depends

from database import SessionLocal, engine

from models import Base, User, Message

import strawberry

from strawberry.fastapi import GraphQLRouter

from sqlalchemy.orm import Session

Base.metadata.create_all(bind=engine)

def get_db():

    db = SessionLocal()

    try:

        yield db

    finally:

        db.close()

@strawberry.type

class MessageType:

    id: int

    user_id: int

    message: str

    timestamp: str
```

```python
@strawberry.type

class UserType:

    id: int

    username: str

@strawberry.mutation

def create_user(username: str, password_hash: str, db: Session =
Depends(get_db)):

    user = User(username=username, password_hash=password_hash)

    db.add(user)

    db.commit()

    return "Usuario creado con éxito"

@strawberry.mutation

def send_message(user_id: int, message: str, db: Session =
Depends(get_db)):

    msg = Message(user_id=user_id, message=message)

    db.add(msg)

    db.commit()

    return "Mensaje enviado"

@strawberry.type

class Query:

    pass

@strawberry.type

class Mutation:

    create_user = create_user
```

```
    send_message = send_message

schema = strawberry.Schema(query=Query, mutation=Mutation)

graphql_app = GraphQLRouter(schema)

app = FastAPI()

app.include_router(graphql_app, prefix="/graphql")
```

Ejecutamos el servidor FastAPI:

```
uvicorn main:app --reload
```

• Ahora podemos enviar y recibir datos desde la app.

• Autoevaluación 7: Configuración de la Base de Datos MySQL

Responde las siguientes preguntas:

1 ¿Cómo se crea una base de datos en MySQL?

2 ¿Qué es SQLAlchemy?

3 ¿Para qué sirve `SessionLocal` en SQLAlchemy?

4 ¿Qué comando inicia el servidor FastAPI?

5 ¿Cómo se estructura una tabla en SQLAlchemy?

• Respuestas Correctas:

1 `CREATE DATABASE chatdb;`

2 Es una librería para manejar bases de datos en Python.

3 Para crear sesiones de conexión a la base de datos.

4 `uvicorn main:app --reload`

5 Se define con `class NombreTabla(Base): __tablename__ = "nombre_tabla"`

Próximo Paso: Capítulo 8 - Creación de Rutas GraphQL para Usuarios y Chats

En el siguiente capítulo, implementaremos rutas GraphQL para la autenticación de usuarios y el manejo de chats en nuestra app.

¿Listo para continuar?

Capítulo 8: Creación de Rutas GraphQL para Usuarios y Chats

Objetivo del capítulo:

En este capítulo, implementaremos rutas GraphQL en nuestro backend para manejar:

• Registro e inicio de sesión de usuarios

• Envío y recuperación de mensajes

• Autenticación con JWT para proteger las rutas

Este capítulo es crucial porque permitirá que nuestra app interactúe con el backend en tiempo real.

1 ¿Qué es GraphQL y por qué usarlo?

GraphQL es una alternativa moderna a las API REST, desarrollada por Facebook, que permite:

• Consultas más eficientes, solo obtenemos los datos que necesitamos.

• Menos peticiones al servidor, al agrupar múltiples solicitudes en una sola.

• Mayor flexibilidad y escalabilidad.

Comparación rápida: REST vs GraphQL

Característica	REST	GraphQL
Peticiones necesarias	Múltiples	Una sola
Formato de respuesta	JSON fijo	JSON flexible
Control de datos devueltos	No	Sí

Característica	REST	GraphQL
Escalabilidad	Limitada	Alta

• Usaremos GraphQL en nuestro backend con Strawberry y FastAPI.

2 Instalación de Dependencias para GraphQL

Antes de continuar, asegurémonos de tener todas las librerías necesarias.

Ejecutamos en nuestro entorno virtual:

```
pip install strawberry-graphql fastapi sqlalchemy pymysql bcrypt
python-jose[cryptography] passlib
```

Librerías utilizadas:

• `strawberry-graphql` : Implementación de GraphQL en Python.

• `fastapi` : Framework para manejar nuestro backend.

• `sqlalchemy` : ORM para interactuar con MySQL.

• `pymysql` : Conector de MySQL para Python.

• `bcrypt` : Para encriptar contraseñas.

• `python-jose` y `passlib` : Para manejar tokens JWT.

3 Creación de Rutas GraphQL para Usuarios

Modificamos `main.py` para manejar usuarios.

Añadimos autenticación con JWT para seguridad.

Definimos `security.py` para el manejo de JWT

Creamos el archivo `security.py` para gestionar tokens.

```
from datetime import datetime, timedelta
```

```python
from jose import jwt

from passlib.context import CryptContext

SECRET_KEY = "SECRETO_SUPER_SEGURO"

ALGORITHM = "HS256"

ACCESS_TOKEN_EXPIRE_MINUTES = 30

pwd_context = CryptContext(schemes=["bcrypt"], deprecated="auto")

def hash_password(password: str):

    return pwd_context.hash(password)

def verify_password(plain_password, hashed_password):

    return pwd_context.verify(plain_password, hashed_password)

def create_access_token(data: dict):

    to_encode = data.copy()

    expire = datetime.utcnow() +
timedelta(minutes=ACCESS_TOKEN_EXPIRE_MINUTES)

    to_encode.update({"exp": expire})

    return jwt.encode(to_encode, SECRET_KEY, algorithm=ALGORITHM)
```

Explicación:

• hash_password() : Cifra contraseñas con bcrypt .

• verify_password() : Compara una contraseña ingresada con la almacenada.

• create_access_token() : Crea un token JWT con tiempo de expiración.

Agregamos Mutaciones de Registro y Login en `main.py`

Ahora, añadimos las rutas para registrar y autenticar usuarios.

```python
from fastapi import FastAPI, Depends

from database import SessionLocal, engine

from models import Base, User, Message

import strawberry

from strawberry.fastapi import GraphQLRouter

from sqlalchemy.orm import Session

from security import hash_password, verify_password,
create_access_token

Base.metadata.create_all(bind=engine)

def get_db():

    db = SessionLocal()

    try:

        yield db

    finally:

        db.close()

@strawberry.type

class UserType:

    id: int

    username: str

@strawberry.mutation
```

```python
def create_user(username: str, password: str, db: Session =
Depends(get_db)):

    hashed_password = hash_password(password)

    user = User(username=username, password_hash=hashed_password)

    db.add(user)

    db.commit()

    return "Usuario creado con éxito"

@strawberry.mutation

def login(username: str, password: str, db: Session =
Depends(get_db)):

    user = db.query(User).filter(User.username == username).first()

    if not user or not verify_password(password, user.password_hash):

        return "Credenciales incorrectas"

    token = create_access_token({"sub": username})

    return token

@strawberry.type

class Mutation:

    create_user = create_user

    login = login

schema = strawberry.Schema(mutation=Mutation)

graphql_app = GraphQLRouter(schema)

app = FastAPI()

app.include_router(graphql_app, prefix="/graphql")
```

Explicación:

- `create_user()` : Crea un usuario con contraseña cifrada.

- `login()` : Verifica credenciales y devuelve un token JWT.

• Resultado: Ahora podemos registrar e iniciar sesión con JWT.

4 Creación de Rutas GraphQL para los Mensajes del Chat

Añadimos funciones para enviar y recibir mensajes.

Modificamos `main.py` para incluir estas rutas:

```python
@strawberry.type

class MessageType:

    id: int

    user_id: int

    message: str

    timestamp: str

@strawberry.mutation

def send_message(username: str, message: str, db: Session =
Depends(get_db)):

    user = db.query(User).filter(User.username == username).first()

    if not user:

        return "Usuario no encontrado"

    msg = Message(user_id=user.id, message=message)

    db.add(msg)

    db.commit()

    return "Mensaje enviado"
```

```python
@strawberry.field

def get_messages(username: str, db: Session = Depends(get_db)):

    user = db.query(User).filter(User.username == username).first()

    if not user:

        return []

    messages = db.query(Message).filter(Message.user_id ==
user.id).all()

    return [MessageType(id=m.id, user_id=m.user_id,
message=m.message, timestamp=str(m.timestamp)) for m in messages]

@strawberry.type

class Query:

    get_messages = get_messages

schema = strawberry.Schema(query=Query, mutation=Mutation)
```

Explicación:

- `send_message()` : Guarda un mensaje en la base de datos.

- `get_messages()` : Recupera mensajes de un usuario.

- Resultado: Ahora podemos enviar y recibir mensajes desde la app.

5 Probando las Rutas GraphQL con GraphiQL

Ejecutamos el servidor y probamos las rutas.

Corremos el servidor FastAPI:

```
uvicorn main:app --reload
```

Abrimos GraphiQL en el navegador:

`http://127.0.0.1:8000/graphql`

Pruebas en GraphQL:

Registrar un usuario:

```
mutation {

  createUser(username: "usuario1", password: "1234")

}
```

Iniciar sesión:

```
mutation {

  login(username: "usuario1", password: "1234")

}
```

Enviar un mensaje:

```
mutation {

  sendMessage(username: "usuario1", message: "Hola, IA!")

}
```

Obtener mensajes:

```
query {

  getMessages(username: "usuario1") {

    id

    message
```

```
    timestamp

  }

}
```

• Si las respuestas son correctas, la API funciona perfectamente.

Próximo Paso: Capítulo 9 - Consumo de API GraphQL desde KivyMD

En el siguiente capítulo, conectaremos la app móvil con GraphQL para enviar y recibir mensajes en tiempo real.

¿Listo para continuar?

Capítulo 9: Consumo de API GraphQL desde KivyMD

Objetivo del capítulo:

En este capítulo, aprenderemos a conectar la app de chat en KivyMD con el backend GraphQL para:

• Iniciar sesión y registrar usuarios desde la app

• Enviar y recibir mensajes en tiempo real

• Manejar autenticación con tokens JWT

Este capítulo es crucial porque permite que la app se comunique con el backend en la nube.

1 Instalación de Dependencias para Consumir GraphQL

Antes de conectar la app con el backend, instalemos las librerías necesarias.

Ejecutamos en el entorno virtual:

```
pip install requests
```

¿Por qué `requests`?

• Permite enviar peticiones HTTP al backend.

• Compatible con APIs REST y GraphQL.

• Fácil de usar en KivyMD.

2 Configuración del Archivo `config.py` para Conectar con GraphQL

Centralizaremos la configuración de la API en un archivo separado.

Creamos el archivo `config.py`:

```python
BASE_URL = "http://127.0.0.1:8000/graphql"

HEADERS = {

    "Content-Type": "application/json"

}
```

Explicación:

• `BASE_URL`: La dirección del backend GraphQL.

• `HEADERS`: Cabeceras necesarias para las peticiones.

• Resultado: Facilita la configuración y evita repetir código.

3 Implementación de Registro e Inicio de Sesión en la App

Vamos a modificar `main.py` para manejar login y registro.

Añadimos funciones para crear usuario e iniciar sesión:

```python
import requests

from kivy.app import App
```

```python
from kivymd.uix.screenmanager import ScreenManager

from kivymd.uix.screen import Screen

from kivymd.uix.textfield import MDTextField

from kivymd.uix.button import MDRaisedButton

from kivymd.uix.label import MDLabel

from config import BASE_URL, HEADERS

class LoginScreen(Screen):

    def register_user(self):

        username = self.ids.username.text

        password = self.ids.password.text

        mutation = f"""

        mutation {{

            createUser(username: "{username}", password: "
{password}")

        }}

        """

        response = requests.post(BASE_URL, json={"query": mutation},
headers=HEADERS)

        if "Usuario creado" in response.text:

            self.ids.message.text = "Registro exitoso!"

        else:

            self.ids.message.text = "Error al registrar usuario."

    def login_user(self):

        username = self.ids.username.text
```

```python
        password = self.ids.password.text

        mutation = f"""

        mutation {{

            login(username: "{username}", password: "{password}")

        }}

        """

        response = requests.post(BASE_URL, json={"query": mutation},
headers=HEADERS)

        if "error" in response.text:

            self.ids.message.text = "Credenciales incorrectas."

        else:

            token = response.json()["data"]["login"]

            App.get_running_app().user_token = token

            self.manager.current = "chat"

class ChatApp(App):

    user_token = ""

    def build(self):

        sm = ScreenManager()

        sm.add_widget(LoginScreen(name="login"))

        return sm

if __name__ == "__main__":

    ChatApp().run()
```

Explicación:

- `register_user()` : Envía una petición a GraphQL para registrar un usuario.

- `login_user()` : Valida el usuario y almacena el token JWT.

- `self.manager.current = "chat"` : Redirige al chat si el login es exitoso.

- Resultado: Ahora la app permite registrarse e iniciar sesión.

---

4 Enviar Mensajes al Backend desde la App

Ahora, agregamos la funcionalidad para enviar mensajes.

Modificamos `main.py` para incluir `send_message()`.

```python
class ChatScreen(Screen):

    def send_message(self):

        message = self.ids.input_message.text

        if not message.strip():

            return

        mutation = f"""

        mutation {{

            sendMessage(username: "usuario1", message: "{message}")

        }}

        """

        response = requests.post(BASE_URL, json={"query": mutation},
headers=HEADERS)

        if "Mensaje enviado" in response.text:

            self.ids.message_list.add_widget(MDLabel(text=f"Yo:
{message}", halign="left"))

            self.ids.input_message.text = ""
```

Explicación:

• `send_message()`: Envía el mensaje al backend y lo muestra en la lista.

• Resultado: Ahora la app puede enviar mensajes al servidor.

5 Recibir Mensajes desde el Backend en la App

Ahora, agregamos la funcionalidad para recibir mensajes.

Modificamos `main.py` para incluir `get_messages()`.

```python
class ChatScreen(Screen):

    def get_messages(self):

        query = f"""

        query {{

            getMessages(username: "usuario1") {{

                id

                message

                timestamp

            }}

        }}

        """

        response = requests.post(BASE_URL, json={"query": query},
headers=HEADERS)

        messages = response.json()["data"]["getMessages"]

        self.ids.message_list.clear_widgets()

        for msg in messages:
```

```
self.ids.message_list.add_widget(

        MDLabel(text=f"IA: {msg['message']}", halign="left")

    )
```

Explicación:

- `get_messages()` : Obtiene el historial de mensajes y los muestra en la app.

- Resultado: Ahora la app recupera mensajes desde la base de datos.

• Autoevaluación 9: Consumo de API GraphQL desde KivyMD

Responde las siguientes preguntas:

1 ¿Cómo se hace una petición GraphQL en Python?

2 ¿Cómo se almacena un token JWT en la app?

3 ¿Qué método permite cambiar de pantalla en `ScreenManager` ?

4 ¿Cómo se envían mensajes desde la app a GraphQL?

5 ¿Cómo se obtienen los mensajes desde el backend en la app?

- Respuestas Correctas:

1 Con `requests.post(BASE_URL, json={"query": query}, headers=HEADERS)` .

2 Usando `App.get_running_app().user_token` .

3 Con `self.manager.current = "chat"` .

4 Mediante la mutación `sendMessage(username, message)` .

5 Con la consulta `getMessages(username)` .

Próximo Paso: Capítulo 10 - Implementación de Login y Registro de Usuarios en KivyMD

En el siguiente capítulo, mejoraremos la interfaz de login y registro en KivyMD con formularios atractivos y validaciones.

Capítulo 10: Implementación de Login y Registro de Usuarios en KivyMD

Objetivo del capítulo:

En este capítulo, mejoraremos la interfaz de usuario (UI) del login y registro en KivyMD con:

• Formularios atractivos y dinámicos

• Validación de datos antes del envío •

• Mensajes de error y éxito para mejorar la experiencia de usuario

Este capítulo es clave para que el login y registro sean funcionales y estéticamente agradables.

1 Mejorando el Diseño del Login y Registro en KivyMD

Antes de programar la lógica, definimos la interfaz gráfica.

Modificamos `chat.kv` para mejorar las pantallas de Login y Registro:

```
ScreenManager:

    LoginScreen:

    RegisterScreen:

    ChatScreen:

<LoginScreen>:

    name: "login"

    BoxLayout:

        orientation: 'vertical'

        spacing: "20dp"
```

```
    padding: "40dp"

MDLabel:

    text: "Iniciar Sesión"

    halign: "center"

    theme_text_color: "Primary"

    font_style: "H4"

MDTextField:

    id: username

    hint_text: "Usuario"

    icon_right: "account"

    mode: "rectangle"

MDTextField:

    id: password

    hint_text: "Contraseña"

    password: True

    icon_right: "eye-off"

    mode: "rectangle"

MDRaisedButton:

    text: "Ingresar"

    md_bg_color: app.theme_cls.primary_color

    pos_hint: {"center_x": 0.5}

    on_release: app.login_user()

MDTextButton:
```

```
            text: "¿No tienes cuenta? Regístrate"

            pos_hint: {"center_x": 0.5}

            on_release: app.change_screen("register")

<RegisterScreen>:

    name: "register"

    BoxLayout:

        orientation: 'vertical'

        spacing: "20dp"

        padding: "40dp"

        MDLabel:

            text: "Registro de Usuario"

            halign: "center"

            theme_text_color: "Primary"

            font_style: "H4"

        MDTextField:

            id: reg_username

            hint_text: "Usuario"

            icon_right: "account"

            mode: "rectangle"

        MDTextField:

            id: reg_password

            hint_text: "Contraseña"

            password: True
```

```
        icon_right: "eye-off"

        mode: "rectangle"

    MDTextField:

        id: confirm_password

        hint_text: "Confirmar Contraseña"

        password: True

        icon_right: "eye-off"

        mode: "rectangle"

    MDRaisedButton:

        text: "Registrarse"

        md_bg_color: app.theme_cls.primary_color

        pos_hint: {"center_x": 0.5}

        on_release: app.register_user()

    MDTextButton:

        text: "Ya tengo cuenta. Iniciar Sesión"

        pos_hint: {"center_x": 0.5}

        on_release: app.change_screen("login")
```

Explicación:

- MDTextField con iconos para mejorar la estética.

- MDTextButton para navegar entre Login y Registro.

- Mejor alineación y colores para una UI más atractiva.

- Resultado: Interfaz de login y registro más moderna y clara.

2 Programación de la Lógica de Login y Registro

Ahora, conectamos la interfaz con GraphQL en `main.py`.

Modificamos `main.py` para agregar la lógica de validación:

```python
import requests

from kivymd.app import MDApp

from kivy.lang import Builder

from kivy.uix.screenmanager import ScreenManager, Screen

from kivymd.uix.dialog import MDDialog

from kivymd.uix.button import MDRaisedButton

from config import BASE_URL, HEADERS

KV = Builder.load_file("chat.kv")

class LoginScreen(Screen):

    def login_user(self):

        username = self.ids.username.text

        password = self.ids.password.text

        if not username or not password:

            self.show_alert("Error", "Todos los campos son
obligatorios.")

            return

        mutation = f"""

        mutation {{

            login(username: "{username}", password: "{password}")
```

```python
                }}
                """

        response = requests.post(BASE_URL, json={"query": mutation},
headers=HEADERS)

        if "error" in response.text:

            self.show_alert("Error", "Credenciales incorrectas.")

        else:

            token = response.json()["data"]["login"]

            App.get_running_app().user_token = token

            self.manager.current = "chat"

    def show_alert(self, title, text):

        dialog = MDDialog(title=title, text=text, buttons=
[MDRaisedButton(text="OK", on_release=lambda x: dialog.dismiss())])

        dialog.open()

class RegisterScreen(Screen):

    def register_user(self):

        username = self.ids.reg_username.text

        password = self.ids.reg_password.text

        confirm_password = self.ids.confirm_password.text

        if not username or not password or not confirm_password:

            self.show_alert("Error", "Todos los campos son
obligatorios.")

            return

        if password != confirm_password:

            self.show_alert("Error", "Las contraseñas no coinciden.")
```

```python
            return

        mutation = f"""

        mutation {{

            createUser(username: "{username}", password: "
{password}")

        }}

        """

        response = requests.post(BASE_URL, json={"query": mutation},
headers=HEADERS)

        if "Usuario creado" in response.text:

            self.show_alert("Éxito", "Registro exitoso. Inicia sesión
ahora.")

        else:

            self.show_alert("Error", "Error al registrar usuario.")

    def show_alert(self, title, text):

        dialog = MDDialog(title=title, text=text, buttons=
[MDRaisedButton(text="OK", on_release=lambda x: dialog.dismiss())])

        dialog.open()

class ChatApp(MDApp):

    user_token = ""

    def build(self):

        sm = ScreenManager()

        sm.add_widget(LoginScreen(name="login"))

        sm.add_widget(RegisterScreen(name="register"))

        return sm
```

```
    def change_screen(self, screen_name):

        self.root.current = screen_name

 if __name__ == "__main__":

    ChatApp().run()
```

Explicación de mejoras:

• show_alert() : Muestra mensajes de error y éxito con MDDialog .

• login_user() : Valida que los campos no estén vacíos antes de enviar la petición.

• register_user() : Verifica que las contraseñas coincidan antes de registrar.

• Resultado: La app ahora maneja errores y confirmaciones visuales.

3 Mejorando la Experiencia del Usuario

Pequeñas mejoras que hacen una gran diferencia.

Animación en el botón de login:

```
from kivy.animation import Animation

def animate_button(self, button):

    anim = Animation(scale=1.1, duration=0.1) + Animation(scale=1,
duration=0.1)

    anim.start(button)
```

Modificamos el botón en chat.kv para agregar el efecto:

```
MDRaisedButton:

    text: "Ingresar"

    md_bg_color: app.theme_cls.primary_color
```

```
    pos_hint: {"center_x": 0.5}

    on_release:

        app.animate_button(self)

        app.login_user()
```

• Resultado: Efecto de rebote al presionar el botón.

• Autoevaluación 10: Implementación de Login y Registro de Usuarios en KivyMD

Responde las siguientes preguntas:

1 ¿Cómo se muestra un mensaje de error en KivyMD?

2 ¿Cómo se navega entre pantallas en `ScreenManager`?

3 ¿Cómo se valida que las contraseñas coincidan antes de registrarse?

4 ¿Qué función maneja la autenticación de usuario en la app?

5 ¿Cómo se envía una petición GraphQL desde KivyMD?

• Respuestas Correctas:

1 Usando `MDDialog` con un botón `OK`.

2 Con `self.manager.current = "nombre_pantalla"`.

3 Comparando `password == confirm_password` antes de registrar.

4 `login_user()` en `LoginScreen`.

5 Con `requests.post(BASE_URL, json={"query": mutation}, headers=HEADERS)`.

Próximo Paso: Capítulo 11 - Guardado y Recuperación del Historial de Chats

En el siguiente capítulo, implementaremos el historial de chats en la app para que los mensajes no se pierdan al cerrar sesión.

Capítulo 11: Guardado y Recuperación del Historial de Chats

Objetivo del capítulo:

En este capítulo, implementaremos la funcionalidad de guardar y recuperar el historial de chats, permitiendo que los mensajes no se pierdan cuando el usuario cierre y vuelva a abrir la aplicación.

¿Qué aprenderás?

• Almacenar mensajes en la base de datos MySQL

• Recuperar el historial de chats al iniciar sesión

• Mostrar los mensajes en la interfaz de la app

Este capítulo es esencial para hacer que el chat sea persistente y funcione correctamente.

---

1 Modificación del Backend para Soportar el Historial de Chats

Ya tenemos las tablas en MySQL, pero ahora mejoraremos las consultas.

Modificamos `main.py` en el backend para incluir una nueva consulta GraphQL:

```python
@strawberry.field

def get_chat_history(username: str, db: Session = Depends(get_db)):

    user = db.query(User).filter(User.username == username).first()

    if not user:

        return []

    messages = db.query(Message).filter(Message.user_id ==
user.id).order_by(Message.timestamp.asc()).all()

    return [MessageType(id=m.id, user_id=m.user_id,
message=m.message, timestamp=str(m.timestamp)) for m in messages]
```

```python
@strawberry.type

class Query:

    get_messages = get_messages

    get_chat_history = get_chat_history
```

Explicación:

• `get_chat_history()` : Recupera todos los mensajes de un usuario.

• `order_by(Message.timestamp.asc())` : Ordena los mensajes por fecha.

• Resultado: Ahora el backend puede devolver el historial de chats.

2 Recuperación del Historial de Chats en la App

Ahora, en la app de KivyMD, agregamos la funcionalidad para obtener los mensajes.

Modificamos `main.py` en la app para incluir `load_chat_history()` .

```python
class ChatScreen(Screen):

    def on_enter(self):

        self.load_chat_history()

    def load_chat_history(self):

        username = App.get_running_app().current_user

        query = f"""

        query {{

            getChatHistory(username: "{username}") {{

                id

                message
```

```
        timestamp

    }}

}}

"""

response = requests.post(BASE_URL, json={"query": query},
headers=HEADERS)

messages = response.json()["data"]["getChatHistory"]

self.ids.message_list.clear_widgets()

for msg in messages:

    self.ids.message_list.add_widget(

        MDLabel(text=f"IA: {msg['message']}", halign="left")

    )
```

Explicación:

• `on_enter()` : Se ejecuta cuando el usuario entra en la pantalla de chat.

• `load_chat_history()` : Obtiene los mensajes desde el backend y los muestra en la UI.

• Resultado: Cada vez que el usuario abre el chat, verá su historial.

3 Guardado Automático de Mensajes en el Backend

Hasta ahora, los mensajes se enviaban, pero no los recuperábamos automáticamente.

Modificamos `send_message()` en `main.py` de la app:

```
def send_message(self):
```

```python
        username = App.get_running_app().current_user

        message = self.ids.input_message.text

        if not message.strip():

            return

        mutation = f"""

        mutation {{

            sendMessage(username: "{username}", message: "{message}")

        }}

        """

        response = requests.post(BASE_URL, json={"query": mutation},
headers=HEADERS)

        if "Mensaje enviado" in response.text:

            self.ids.message_list.add_widget(MDLabel(text=f"Yo:
{message}", halign="left"))

            self.ids.input_message.text = ""

            # Recargar historial automáticamente

            self.load_chat_history()
```

Explicación:

• `self.load_chat_history()` : Vuelve a cargar los mensajes después de enviar uno
nuevo.

• Resultado: Cada mensaje enviado se almacena y se actualiza en pantalla.

4 Mejorando la Experiencia del Usuario

Ahora agregaremos un indicador de "Cargando mensajes..." mientras se obtiene el
historial.

Modificamos `load_chat_history()` para agregar un `MDSpinner`.

```python
from kivymd.uix.spinner import MDSpinner

def load_chat_history(self):

    username = App.get_running_app().current_user

    # Agregar un indicador de carga

    spinner = MDSpinner(size_hint=(None, None), size=(50, 50),
pos_hint={"center_x": 0.5})

    self.ids.message_list.add_widget(spinner)

    query = f"""

    query {{

        getChatHistory(username: "{username}") {{

            id

            message

            timestamp

        }}

    }}
    """

    response = requests.post(BASE_URL, json={"query": query},
headers=HEADERS)

    messages = response.json()["data"]["getChatHistory"]

    self.ids.message_list.clear_widgets()

    for msg in messages:

        self.ids.message_list.add_widget(
```

```
            MDLabel(text=f"IA: {msg['message']}", halign="left")

    )
```

Explicación:

• `MDSpinner` : Muestra un indicador de carga mientras se recuperan los mensajes.

• Resultado: La app muestra un spinner hasta que el historial se carga.

• Autoevaluación 11: Guardado y Recuperación del Historial de Chats

Responde las siguientes preguntas:

1 ¿Cómo se guardan los mensajes en la base de datos?

2 ¿Qué método de `screen` se ejecuta cuando un usuario entra en una pantalla?

3 ¿Cómo se solicita el historial de chats desde la API GraphQL?

4 ¿Qué widget permite mostrar un indicador de carga en KivyMD?

5 ¿Cómo se actualiza el historial de chats después de enviar un mensaje?

• Respuestas Correctas:

1 Con la mutación `sendMessage(username, message)` .

2 `on_enter()` .

3 Con la consulta `getChatHistory(username)` .

4 `MDSpinner` .

5 Llamando a `load_chat_history()` después de `send_message()` .

Próximo Paso: Capítulo 12 - Manejo de Usuarios y Sesiones

En el siguiente capítulo, implementaremos sesiones de usuario persistentes, para que no sea necesario iniciar sesión cada vez que se abre la app.

¿Listo para continuar?

Capítulo 12: Manejo de Usuarios y Sesiones en la App

Objetivo del capítulo:

En este capítulo, implementaremos el manejo de sesiones de usuario en la app, permitiendo que:

• El usuario permanezca autenticado entre sesiones

• Se almacene y recupere automáticamente el token JWT

• El usuario pueda cerrar sesión manualmente

Este capítulo es crucial para mejorar la experiencia del usuario y evitar que tenga que iniciar sesión cada vez que abre la app.

1 Uso de Almacenamiento Local para Guardar Sesión

KivyMD no tiene almacenamiento persistente integrado, pero podemos usar `JsonStore` para guardar datos localmente.

Modificamos `main.py` para manejar sesiones con `JsonStore`.

Creamos una nueva clase `SessionManager` para manejar el almacenamiento de sesión.

```python
from kivy.storage.jsonstore import JsonStore

class SessionManager:

    def __init__(self, filename="session.json"):

        self.store = JsonStore(filename)

    def save_session(self, username, token):

        self.store.put("session", username=username, token=token)

    def load_session(self):

        return self.store.get("session") if
self.store.exists("session") else None
```

```
    def clear_session(self):

        if self.store.exists("session"):

            self.store.delete("session")
```

Explicación:

- `save_session(username, token)` : Guarda el usuario y su token en `session.json`.

- `load_session()` : Recupera los datos almacenados.

- `clear_session()` : Borra la sesión al cerrar sesión.

• Resultado: Ahora podemos almacenar y recuperar la sesión de usuario.

2 Iniciar Sesión Automáticamente si Existe una Sesión Guardada

Modificamos `main.py` para verificar si hay una sesión guardada al iniciar la app.

Añadimos `SessionManager` en `ChatApp`.

```
class ChatApp(MDApp):

    user_token = ""

    session = SessionManager()

    def build(self):

        sm = ScreenManager()

        sm.add_widget(LoginScreen(name="login"))

        sm.add_widget(ChatScreen(name="chat"))

        session_data = self.session.load_session()

        if session_data:
```

```
            self.user_token = session_data["token"]

            self.current_user = session_data["username"]

            sm.current = "chat"

        return sm
```

Explicación:

• `session_data = self.session.load_session()` : Carga los datos de sesión.

• Si hay sesión guardada, se salta el login y se va directo al chat.

• Resultado: Si el usuario ya inició sesión antes, entra directo al chat.

3 Guardar la Sesión Después de Iniciar Sesión

Ahora, modificamos `login_user()` en `LoginScreen` para guardar la sesión.

Modificamos `login_user()` en `LoginScreen`.

```
def login_user(self):

    username = self.ids.username.text

    password = self.ids.password.text

    if not username or not password:

        self.show_alert("Error", "Todos los campos son
obligatorios.")

        return

    mutation = f"""

    mutation {{

        login(username: "{username}", password: "{password}")

    }}
```

```
    """

    response = requests.post(BASE_URL, json={"query": mutation},
headers=HEADERS)

    if "error" in response.text:

        self.show_alert("Error", "Credenciales incorrectas.")

    else:

        token = response.json()["data"]["login"]

        App.get_running_app().user_token = token

        App.get_running_app().current_user = username

        App.get_running_app().session.save_session(username, token)

        self.manager.current = "chat"
```

Explicación:

• `App.get_running_app().session.save_session(username, token)` : Guarda el
usuario y token después del login.

• Resultado: Ahora, la sesión se guarda automáticamente después del login.

4 Implementar Cierre de Sesión

Ahora, añadimos un botón de "Cerrar Sesión" en la pantalla de configuración.

Modificamos `chat.kv` para agregar la opción en `ConfigScreen` .

```
MDRaisedButton:

    text: "Cerrar Sesión"

    md_bg_color: app.theme_cls.primary_color

    pos_hint: {"center_x": 0.5}

    on_release: app.logout_user()
```

Modificamos `ChatApp` en `main.py` para manejar el cierre de sesión.

```
def logout_user(self):

    self.session.clear_session()

    self.user_token = ""

    self.current_user = ""

    self.root.current = "login"
```

Explicación:

- `self.session.clear_session()` : Borra la sesión guardada.

- `self.root.current = "login"` : Redirige al usuario a la pantalla de login.

- Resultado: El usuario puede cerrar sesión y se elimina su información de la app.

5 Indicador Visual de Usuario Autenticado en la Pantalla de Chat

Ahora, mostramos el nombre del usuario en la barra de herramientas.

Modificamos `MDToolbar` en `chat.kv` .

```
MDToolbar:

    title: "Chat IA"

    right_action_items: [["logout", lambda x: app.logout_user()]]
```

Modificamos `on_enter()` en `ChatScreen` para actualizar el nombre del usuario.

```
def on_enter(self):

    self.ids.toolbar.title = f"Chat IA -
{App.get_running_app().current_user}"

    self.load_chat_history()
```

Explicación:

• `self.ids.toolbar.title = f"Chat IA - {usuario}"` : Muestra el nombre del usuario autenticado en la barra de herramientas.

• Resultado: La interfaz refleja el usuario autenticado.

• Autoevaluación 12: Manejo de Usuarios y Sesiones en la App

Responde las siguientes preguntas:

1 ¿Cómo se almacena la sesión del usuario en la app?

2 ¿Cómo se verifica si hay una sesión guardada al iniciar la app?

3 ¿Cómo se cierra sesión en la app?

4 ¿Cómo se muestra el nombre del usuario en la pantalla de chat?

5 ¿Qué widget permite agregar un botón de cierre de sesión en la barra superior?

• Respuestas Correctas:

1 Usando `JsonStore` para guardar `username` y `token` .

2 Con `self.session.load_session()` al iniciar `ChatApp` .

3 Llamando a `logout_user()`, que borra la sesión y redirige al login.

4 Modificando `self.ids.toolbar.title` en `on_enter()`.

5 `MDToolbar` con `right_action_items`.

Próximo Paso: Capítulo 13 - Integración de IA en la Aplicación

En el siguiente capítulo, conectaremos la app con un modelo de inteligencia artificial en Hugging Face para que pueda responder automáticamente.

¿Listo para continuar?

Capítulo 13: Integración de IA en la Aplicación

Objetivo del capítulo:

En este capítulo, integraremos un modelo de inteligencia artificial (IA) en la aplicación, permitiendo que el chatbot pueda responder automáticamente a los mensajes enviados por el usuario.

¿Qué aprenderás?

• Cómo funciona la IA en un chatbot

• Cómo conectar la app con Hugging Face y DeepSeek

• Cómo enviar preguntas y recibir respuestas desde la IA

Este capítulo es clave para hacer que nuestra aplicación sea realmente inteligente.

1 ¿Cómo Funciona la IA en un Chatbot?

Antes de comenzar con la implementación, entendamos cómo funciona un chatbot basado en IA.

Pasos básicos del procesamiento de preguntas y respuestas en un chatbot:

1 El usuario ingresa un mensaje en la app.

2 La app envía el mensaje a un servidor con IA.

3 La IA procesa la consulta y genera una respuesta.

4 La app recibe la respuesta y la muestra en la interfaz del chat.

Ejemplo de conversación con un chatbot:

```
Usuario: ¿Cuál es la capital de Francia?

IA: La capital de Francia es París.
```

• Usaremos Hugging Face para procesar las respuestas con un modelo de IA especializado en chatbots.

2 Creación de una Cuenta en Hugging Face y Obtención del Token

Para usar modelos de IA de Hugging Face, necesitamos una cuenta y un token de acceso.

Pasos para obtener el token:

1 Ir a https://huggingface.co y crear una cuenta.

2 Ir a Settings > Access Tokens y generar un New API Token.

3 Guardar el token en un lugar seguro.

Ejemplo de token de Hugging Face:

```
hf_ABC12345xxxxxxxxxxxxxxxxxxxxxxxxxxx
```

• Este token nos permitirá acceder a los modelos de IA desde nuestra app.

3 Conectando la App con un Modelo de IA en Hugging Face

Ahora, modificamos `main.py` en la app para conectar con Hugging Face.

Creamos el archivo `ai.py` para manejar la IA.

```
import requests
```

```python
HUGGINGFACE_API_URL = "https://api-
inference.huggingface.co/models/facebook/blenderbot-400M-distill"

HUGGINGFACE_HEADERS = {"Authorization": "Bearer tu_token_aqui"}

def get_ai_response(user_message):

    payload = {"inputs": user_message}

    response = requests.post(HUGGINGFACE_API_URL, json=payload,
headers=HUGGINGFACE_HEADERS)

    if response.status_code == 200:

        return response.json()[0]["generated_text"]

    return "Lo siento, no puedo responder en este momento."
```

Explicación:

• `HUGGINGFACE_API_URL` : Enlace del modelo de IA en Hugging Face.

• `get_ai_response(user_message)` : Envía la pregunta y recibe la respuesta de la IA.

• Resultado: Ahora podemos hacer preguntas a la IA y obtener respuestas.

4 Enviar Mensajes a la IA desde la App

Ahora, integramos la IA en el chat.

Modificamos `send_message()` en `ChatScreen` en `main.py` .

```python
from ai import get_ai_response

def send_message(self):

    username = App.get_running_app().current_user

    message = self.ids.input_message.text

    if not message.strip():
```

```
        return

    # Mostrar el mensaje del usuario en la pantalla

    self.ids.message_list.add_widget(MDLabel(text=f"Yo: {message}",
halign="left"))

    self.ids.input_message.text = ""

    # Obtener la respuesta de la IA

    ai_response = get_ai_response(message)

    self.ids.message_list.add_widget(MDLabel(text=f"IA:
{ai_response}", halign="left"))
```

Explicación:

• `get_ai_response(message)` : Envía el mensaje a Hugging Face y obtiene la respuesta.

• La respuesta se muestra en la interfaz del chat.

• Resultado: La IA ahora responde a los mensajes del usuario en tiempo real.

5 Mejorando la Experiencia del Usuario con Respuestas en Tiempo Real

Agregamos un "escribiendo..." antes de mostrar la respuesta.

Modificamos `send_message()` para incluir un indicador de escritura.

```
from kivymd.uix.label import MDLabel

from kivy.clock import Clock

def send_message(self):

    username = App.get_running_app().current_user

    message = self.ids.input_message.text

    if not message.strip():
```

```
        return

    self.ids.message_list.add_widget(MDLabel(text=f"Yo: {message}",
halign="left"))

    self.ids.input_message.text = ""

    # Mostrar indicador de "escribiendo..."

    typing_label = MDLabel(text="IA está escribiendo...",
halign="left", theme_text_color="Hint")

    self.ids.message_list.add_widget(typing_label)

    def process_ai_response(dt):

        self.ids.message_list.remove_widget(typing_label)

        ai_response = get_ai_response(message)

        self.ids.message_list.add_widget(MDLabel(text=f"IA:
{ai_response}", halign="left"))

    Clock.schedule_once(process_ai_response, 2)  # Simula 2 segundos
de "escribiendo..."
```

Explicación:

• Añadimos un indicador de "IA está escribiendo..." antes de recibir la respuesta.

• Usamos `Clock.schedule_once(process_ai_response, 2)` para simular un tiempo de respuesta.

• Resultado: La IA parece más natural y humana al responder.

• Autoevaluación 13: Integración de IA en la Aplicación

Responde las siguientes preguntas:

1 ¿Qué servicio usamos para integrar la IA en nuestra app?

2 ¿Cómo se obtiene un token de acceso en Hugging Face?

3 ¿Cómo enviamos una pregunta a la IA desde la app?

4 ¿Qué método usamos para simular que la IA está escribiendo?

5 ¿Qué archivo creamos para manejar las peticiones de IA?

• Respuestas Correctas:

1 Hugging Face API.

2 Desde Settings > Access Tokens en Hugging Face.

3 Usamos `requests.post(HUGGINGFACE_API_URL, json=payload, headers=HUGGINGFACE_HEADERS)`.

4 Con `clock.schedule_once(process_ai_response, 2)`.

5 `ai.py` para manejar las peticiones de IA.

Próximo Paso: Capítulo 14 - Optimización del Desempeño y Experiencia del Usuario

En el siguiente capítulo, optimizaremos la app para:

• Reducir el tiempo de respuesta de la IA

• Mejorar la interfaz y la navegación

• Agregar personalización del chatbot

¿Listo para continuar?

Capítulo 14: Optimización del Desempeño y Experiencia del Usuario

Objetivo del capítulo:

En este capítulo, optimizaremos la velocidad y fluidez de nuestra aplicación, reduciendo el tiempo de respuesta de la IA y mejorando la experiencia del usuario.

¿Qué aprenderás?

• Cómo reducir el tiempo de respuesta de la IA ⏳

• Mejoras en la interfaz para una mejor experiencia

• Personalización del chatbot para hacerlo más atractivo

Este capítulo es crucial para hacer que nuestra app sea rápida, eficiente y visualmente atractiva.

1 Reducción del Tiempo de Respuesta de la IA

Uno de los problemas más comunes en chatbots es la latencia en la respuesta.

Estrategias para mejorar el tiempo de respuesta:

• Usar modelos más rápidos: Modelos más pequeños en Hugging Face responden más rápido.

• Cachear respuestas comunes: Si un usuario pregunta lo mismo varias veces, usamos una respuesta guardada.

• Ejecutar la IA en local (opcional): Si el dispositivo es potente, podemos ejecutar la IA sin depender de la nube.

Cambiando a un Modelo más Rápido en Hugging Face

Algunos modelos de IA son más livianos y responden más rápido.

Modificamos `ai.py` para usar `microsoft/DialoGPT-small`, que es más rápido.

```
HUGGINGFACE_API_URL = "https://api-
inference.huggingface.co/models/microsoft/DialoGPT-small"
```

Explicación:

• `DialoGPT-small` es más rápido que `BlenderBot`.

• Responde en menos de 1 segundo en promedio.

• Resultado: Reducción del tiempo de respuesta de la IA en la app.

Cacheo de Respuestas Comunes para Evitar Repeticiones

Si el usuario hace la misma pregunta varias veces, podemos guardar la respuesta para reutilizarla.

Modificamos `ai.py` para agregar cacheo.

```python
response_cache = {}

def get_ai_response(user_message):

    if user_message in response_cache:

        return response_cache[user_message]

    payload = {"inputs": user_message}

    response = requests.post(HUGGINGFACE_API_URL, json=payload,
headers=HUGGINGFACE_HEADERS)

    if response.status_code == 200:

        ai_response = response.json()[0]["generated_text"]

        response_cache[user_message] = ai_response

        return ai_response

    return "Lo siento, no puedo responder en este momento."
```

Explicación:

• Si la pregunta ya fue respondida, devuelve la respuesta almacenada en `response_cache`.

• Si es una nueva pregunta, la envía a Hugging Face y la guarda en `response_cache`.

• Resultado: El chat responde más rápido a preguntas repetidas.

2 Mejoras en la Interfaz para una Mejor Experiencia

Ahora optimizamos la UI para que sea más atractiva y fácil de usar.

Cambios a realizar en `chat.kv`:

• Mejoramos la fuente de los mensajes.

• Añadimos un diseño tipo burbuja de chat.

• Cambiamos la animación de las respuestas de la IA.

Creando Burbujas de Chat para Mejorar la Presentación

Los mensajes se verán como globos de conversación en vez de texto plano.

Modificamos `send_message()` en `ChatScreen` en `main.py` para usar `MDCard`.

```python
from kivymd.uix.card import MDCard

def send_message(self):

    username = App.get_running_app().current_user

    message = self.ids.input_message.text

    if not message.strip():

        return

    user_msg = MDCard(

        size_hint=(None, None),

        size=("200dp", "50dp"),

        md_bg_color=(0.2, 0.6, 1, 1),

        radius=[20, 20, 0, 20]

    )
```

```python
    user_msg.add_widget(MDLabel(text=message, halign="right",
theme_text_color="Custom", text_color=(1, 1, 1, 1)))

    self.ids.message_list.add_widget(user_msg)

    self.ids.input_message.text = ""

    ai_msg = MDCard(

        size_hint=(None, None),

        size=("200dp", "50dp"),

        md_bg_color=(0.9, 0.9, 0.9, 1),

        radius=[20, 20, 20, 0]

    )

    def process_ai_response(dt):

        ai_response = get_ai_response(message)

        ai_msg.add_widget(MDLabel(text=ai_response, halign="left",
theme_text_color="Custom", text_color=(0, 0, 0, 1)))

        self.ids.message_list.add_widget(ai_msg)

    Clock.schedule_once(process_ai_response, 2)
```

Explicación:

• `MDCard` crea un diseño tipo burbuja de chat.

• Los mensajes del usuario son azules y los de la IA son grises.

• La IA tiene un pequeño retraso antes de responder, simulando naturalidad.

• Resultado: La interfaz del chat es más moderna y fácil de leer.

3 Personalización del Chatbot con Avatar e Iconos

Añadimos una imagen de avatar al chatbot para hacerlo más visual.

Modificamos `chat.kv` para incluir un icono de chatbot en cada mensaje de la IA.

```
BoxLayout:

    orientation: "horizontal"

    Image:

        source: "assets/chatbot_icon.png"

        size_hint: None, None

        size: "40dp", "40dp"

    MDCard:

        size_hint: None, None

        size: "200dp", "50dp"

        md_bg_color: (0.9, 0.9, 0.9, 1)

        radius: [20, 20, 20, 0]

        MDLabel:

            text: "Mensaje de la IA"

            halign: "left"

            theme_text_color: "Custom"

            text_color: (0, 0, 0, 1)
```

Explicación:

• `Image` : Muestra el avatar del chatbot junto al mensaje.

• `MDCard` : Mantiene el diseño de burbuja de chat.

• Resultado: El chatbot tiene una personalidad más definida visualmente.

• Autoevaluación 14: Optimización del Desempeño y Experiencia del Usuario

Responde las siguientes preguntas:

1 ¿Qué modelo de IA es más rápido para responder en Hugging Face?

2 ¿Cómo se evita que la IA repita cálculos innecesarios en preguntas repetidas?

3 ¿Qué componente de KivyMD se usa para mostrar mensajes en forma de burbuja?

4 ¿Cómo se simula que la IA está escribiendo antes de responder?

5 ¿Qué elemento añadimos para personalizar visualmente al chatbot?

• Respuestas Correctas:

1 `microsoft/DialoGPT-small`.

2 Usando `response_cache` para almacenar respuestas previas.

3 `MDCard`.

4 Con `Clock.schedule_once(process_ai_response, 2)`.

5 Un `Image` con el avatar del chatbot.

Próximo Paso: Capítulo 15 - Compilación para Android con Buildozer

En el siguiente capítulo, aprenderemos a convertir nuestra app en un APK para instalarla en Android.

¿Listo para continuar?

Capítulo 15: Compilación para Android con Buildozer

Objetivo del capítulo:

En este capítulo, aprenderemos a compilar nuestra app en un archivo APK para poder instalarla en dispositivos Android.

¿Qué aprenderás?

• Cómo instalar y configurar Buildozer en Linux

• Cómo generar un archivo APK desde Python/KivyMD

• Cómo probar el APK en un emulador o dispositivo real

Este capítulo es crucial para transformar nuestra aplicación en un producto instalable en teléfonos Android.

1 ¿Qué es Buildozer y por qué lo usamos?

Buildozer es una herramienta que permite compilar apps de Kivy para Android e iOS.

Ventajas de Buildozer:

• Convierte código Python en un APK automáticamente.

• No necesita escribir código Java o Kotlin.

• Soporta múltiples arquitecturas de Android.

• Se puede usar en Linux o en una máquina virtual.

Ejemplo de proceso de Buildozer:

```
Python/Kivy App  →  Buildozer  →  APK para Android
```

• Usaremos Buildozer en Linux, ya que no funciona bien en Windows.

2 Instalación de Buildozer en Linux (Ubuntu/Debian)

Antes de compilar, necesitamos instalar Buildozer en nuestro sistema.

Pasos para instalar Buildozer:

1 Abrimos una terminal y actualizamos los paquetes:

```
sudo apt update && sudo apt upgrade -y
```

2 Instalamos las dependencias necesarias:

```
sudo apt install -y python3-pip python3-venv build-essential git
openjdk-17-jdk
```

3 Creamos un entorno virtual y activamos Buildozer:

```
python3 -m venv buildozer_env

source buildozer_env/bin/activate
```

4 Instalamos Buildozer en el entorno virtual:

```
pip install buildozer
```

• Buildozer está instalado y listo para usarse.

3 Preparación del Proyecto para Buildozer

Antes de compilar, organizamos el proyecto correctamente.

Estructura recomendada del proyecto:

chat_app/

├── ▮ main.py (Código principal)
├── ▮ chat.kv (Interfaz)
├── ▮ config.py (Configuraciones)
├── ▮ ai.py (IA)
├── ▮ assets/ (Iconos, imágenes)
└── ▮ requirements.txt (Dependencias)

Creamos un archivo requirements.txt con las dependencias:

```
kivy

kivymd
```

```
requests

pymysql

strawberry-graphql

fastapi

uvicorn
```

• Este archivo le indica a Buildozer qué paquetes incluir en el APK.

4 Generación del Archivo de Configuración de Buildozer

Ahora generamos el archivo `buildozer.spec`, que controla la compilación.

Ejecutamos el siguiente comando en la raíz del proyecto:

```
buildozer init
```

Esto generará un archivo `buildozer.spec` que debemos modificar.

Abrimos `buildozer.spec` y editamos las siguientes líneas:

```
# Nombre del paquete

package.name = ChatApp

package.domain = com.miempresa

# Arquitectura soportada (necesario para Android modernos)

android.archs = arm64-v8a, armeabi-v7a

# Permisos requeridos

android.permissions = INTERNET

# Icono de la app
```

```
android.icon = assets/icon.png

# Modo de depuración (activar para probar)

android.debug = True
```

Explicación de los cambios:

- `package.name` : Define el nombre de la app.

- `android.permissions = INTERNET` : Permite que la app acceda a la red.

- `android.icon` : Define el icono de la app.

- `android.debug = True` : Genera un APK en modo depuración para pruebas.

- Resultado: `buildozer.spec` está configurado para compilar la app.

5 Compilación de la App en un Archivo APK

Ahora compilamos la app en un APK ejecutable.

Ejecutamos el siguiente comando en la terminal:

```
buildozer -v android debug
```

Este proceso puede tardar entre 10 y 30 minutos.

Una vez finalizado, el APK generado se encuentra en:

```
bin/ChatApp-0.1-arm64-v8a-debug.apk
```

- El APK está listo para instalarse en Android.

6 Instalación y Pruebas del APK en un Dispositivo Android

Ahora, probamos el APK en un teléfono o emulador.

Opciones para probar la app:

1 Transferir el APK al teléfono Android y abrirlo.

2 Usar ADB (Android Debug Bridge) para instalarlo:

```
adb install bin/ChatApp-0.1-arm64-v8a-debug.apk
```

3 Ejecutar la app en un emulador de Android Studio.

Si la app no se instala, verificamos los permisos en `buildozer.spec`.

• Resultado: La app se ejecuta en Android correctamente.

• Autoevaluación 15: Compilación para Android con Buildozer

Responde las siguientes preguntas:

1 ¿Qué herramienta usamos para compilar la app en un APK?

2 ¿Por qué necesitamos editar `buildozer.spec` antes de compilar?

3 ¿Cómo generamos un archivo `buildozer.spec`?

4 ¿Dónde se encuentra el APK generado después de la compilación?

5 ¿Cómo podemos instalar el APK en un teléfono Android desde la terminal?

• Respuestas Correctas:

1 `Buildozer`.

2 Para configurar permisos, arquitectura y nombre de la app.

3 Con el comando `buildozer init`.

4 En la carpeta `bin/` del proyecto.

5 Con `adb install bin/ChatApp-0.1-arm64-v8a-debug.apk`.

Próximo Paso: Capítulo 16 - Compilación para iOS con Kivy-iOS

En el siguiente capítulo, aprenderemos cómo compilar nuestra app para dispositivos iOS (iPhone/iPad).

¿Listo para continuar?

Capítulo 16: Compilación para iOS con Kivy-iOS

Objetivo del capítulo:

En este capítulo, aprenderemos cómo compilar nuestra app de Kivy para dispositivos iOS (iPhone/iPad) usando Kivy-iOS.

¿Qué aprenderás?

• Cómo configurar Kivy-iOS en macOS

• Cómo generar una app para iOS con Xcode

• Cómo probar la app en un emulador o dispositivo real

Este capítulo es fundamental si queremos distribuir nuestra aplicación en la App Store.

1 ¿Qué es Kivy-iOS y por qué lo usamos?

Kivy-iOS es la herramienta oficial de Kivy para compilar apps en iOS.

Ventajas de Kivy-iOS:

• Convierte código Python en una app para iOS.

• Permite probar la app en un simulador de iPhone.

• Funciona con Xcode para generar el archivo `.ipa`.

• Compatible con la App Store de Apple.

Ejemplo del flujo de compilación con Kivy-iOS:

```
Python/Kivy App  →  Kivy-iOS  →  Xcode  →  Aplicación iOS
```

• Usaremos macOS porque Xcode solo está disponible en este sistema.

2 Requisitos para Compilar en iOS

Antes de comenzar, asegurémonos de cumplir con estos requisitos:

• Una Mac con macOS 10.15 o superior

• Xcode instalado desde la App Store

• Python 3.x instalado

• Homebrew instalado (`/bin/bash -c "$(curl -fsSL`
`https://raw.githubusercontent.com/Homebrew/install/HEAD/install.sh)"`)

Verificamos la instalación de Xcode en la terminal:

```
xcode-select --install
```

Verificamos que Homebrew está instalado:

```
brew --version
```

• Si todos los comandos funcionan, estamos listos para continuar.

3 Instalación de Kivy-iOS en macOS

Kivy-iOS permite compilar el código de Kivy en un formato compatible con Xcode.

Pasos para instalar Kivy-iOS:

1 Clonar el repositorio de Kivy-iOS:

```
git clone https://github.com/kivy/kivy-ios.git

cd kivy-ios
```

2 Instalar Kivy-iOS con `pip` y `cython`:

```
pip install -U cython

pip install -U kivy-ios
```

3 Construir la librería de Kivy para iOS:

```
python3 toolchain.py build kivy
```

Si todo salió bien, Kivy-iOS está instalado y listo para usarse.

4 Preparación del Proyecto para Compilar en iOS

Antes de compilar, organizamos el proyecto correctamente.

Estructura recomendada del proyecto:

chat_app/

├── 📄 `main.py` (Código principal)
├── 📄 `chat.kv` (Interfaz)
├── 📄 `config.py` (Configuraciones)
├── 📄 `ai.py` (IA)
├── 📁 `assets/` (Iconos, imágenes)
└── 📄 `requirements.txt` (Dependencias)

Creamos un archivo `requirements.txt` con las dependencias:

```
kivy

kivymd

requests

pymysql

strawberry-graphql
```

```
fastapi

uvicorn
```

- Este archivo le indica a Kivy-iOS qué paquetes incluir en la app.

5 Generación del Proyecto de Xcode con Kivy-iOS

Ahora generamos un proyecto de Xcode compatible con iOS.

Ejecutamos el siguiente comando en la terminal:

```
python3 toolchain.py create myapp ios
```

Esto generará un proyecto Xcode en la carpeta `myapp-ios`.

Accedemos al directorio del proyecto:

```
cd myapp-ios
```

Abrimos el proyecto en Xcode:

```
open myapp.xcodeproj
```

- El proyecto Xcode está listo para compilarse en un emulador o dispositivo.

6 Compilación de la App para iOS con Xcode

Ahora compilamos y ejecutamos la app en un simulador de iPhone.

Pasos para compilar en Xcode:

1 Abrimos `myapp.xcodeproj` en Xcode.

2 Seleccionamos un simulador de iPhone (iPhone 13, por ejemplo).

3 Hacemos clic en el botón "Run" (▷) para compilar y probar la app.

Si todo funciona bien, la app se ejecutará en el simulador.

7 Instalación de la App en un iPhone Real

Si queremos probar la app en un iPhone físico, seguimos estos pasos:

1 Conectamos el iPhone a la Mac mediante USB.

2 En Xcode, seleccionamos el iPhone en la lista de dispositivos.

3 Configuramos un perfil de desarrollador en `Signing & Capabilities`.

4 Compilamos y ejecutamos la app en el iPhone.

• La app se instalará en el iPhone y se ejecutará correctamente.

8 Exportación de la App para la App Store

Si queremos distribuir la app en la App Store, seguimos estos pasos:

1 En Xcode, vamos a `Product > Archive`.

2 Creamos un archivo `.ipa` para la App Store.

3 Subimos la app a la App Store con `App Store Connect`.

• La app estará disponible para descarga en la App Store.

• Autoevaluación 16: Compilación para iOS con Kivy-iOS

Responde las siguientes preguntas:

1 ¿Qué herramienta usamos para compilar la app en iOS?

2 ¿Qué versión de macOS necesitamos para compilar la app en iPhone?

3 ¿Cómo generamos un proyecto Xcode desde Python/Kivy?

4 ¿Cómo ejecutamos la app en un simulador de iPhone?

5 ¿Cómo subimos la app a la App Store?

• Respuestas Correctas:

1 `Kivy-iOS`.

2 `macOS 10.15 o superior`.

3 Con `python3 toolchain.py create myapp ios`.

4 Abrimos `myapp.xcodeproj` en Xcode y presionamos "Run".

5 Desde Xcode, vamos a `Product > Archive` y subimos la app a la App Store.

Próximo Paso: Capítulo 17 - Publicación en Google Play y App Store

En el siguiente capítulo, aprenderemos cómo publicar la app en Google Play y la App Store.

¿Listo para continuar?

Capítulo 17: Publicación en Google Play y App Store

Objetivo del capítulo:

En este capítulo, aprenderemos a publicar nuestra aplicación en Google Play Store (Android) y App Store (iOS) para que cualquier persona pueda descargarla e instalarla en su dispositivo.

¿Qué aprenderás?

• Cómo registrarse como desarrollador en Google Play y App Store

• Cómo generar una versión lista para producción (APK y IPA)

• Cómo subir la aplicación a las tiendas oficiales

Este capítulo es crucial para llevar nuestra aplicación al público.

1 Registro como Desarrollador en Google Play y App Store

Para publicar nuestra app, necesitamos una cuenta de desarrollador en ambas plataformas.

Registro en Google Play Console (Android):

1 Ir a Google Play Console

2 Crear una cuenta de desarrollador.

3 Pagar la tarifa única de $25 USD.

4 Completar la información de la cuenta y aceptar los términos.

Registro en Apple Developer Program (iOS):

1 Ir a Apple Developer

2 Registrarse con un Apple ID.

3 Pagar la tarifa anual de $99 USD.

4 Aceptar los términos y configurar la cuenta.

• Una vez registrados, podemos subir nuestra app a las tiendas oficiales.

---

2 Generación de una Versión Lista para Producción

Antes de subir la app, debemos generar una versión lista para distribución.

Generar un APK en Modo Producción (Android)

```
buildozer -v android release
```

Firmar el APK con una Clave de Firma:

```
jarsigner -verbose -sigalg SHA256withRSA -digestalg SHA-256 -keystore
mi_keystore.jks bin/ChatApp-0.1-arm64-v8a-release.apk alias_name
```

Generar un archivo AAB (Requerido por Google Play)

```
buildozer android aab
```

Explicación:

• `android release` : Compila la app en modo producción.

- `jarsigner` : Firma el APK con una clave de seguridad.

- `android aab` : Genera un AAB en lugar de un APK (Google Play lo requiere).

El archivo final estará en `bin/ChatApp-0.1.aab`

Generar una Versión Lista para Producción en iOS

En Xcode, seguimos estos pasos:

1 Vamos a `Product > Archive` .

2 Seleccionamos la opción "Distribuir app".

3 Elegimos "App Store Connect" y seguimos las instrucciones.

4 Generamos un `.ipa` para la App Store.

- Ahora tenemos el archivo listo para subir a las tiendas.

---

3 Publicación en Google Play Store (Android)

Ahora subimos la app a Google Play Store.

Pasos en Google Play Console:

1 Ir a Google Play Console y hacer clic en "Crear aplicación".

2 Completar los datos de la app:

- Nombre de la app

- Descripción corta y larga

- Categoría (Ejemplo: "Comunicación")

- Imágenes y videos promocionales

3 Subir el archivo `ChatApp-0.1.aab` .

4 Configurar precios y distribución.

5 Enviar la app para revisión.

Google Play revisará la app y la aprobará en 2-7 días.

- Una vez aprobada, la app estará disponible para todos.

---

4 Publicación en App Store (iOS)

Ahora subimos la app a la App Store de Apple.

Pasos en App Store Connect:

1 Ir a App Store Connect y hacer clic en "Nueva App".

2 Completar la información de la app:

• Nombre y descripción

• Capturas de pantalla

• Categoría y etiquetas

3 Subir el archivo `.ipa` generado en Xcode.

4 Configurar precios y disponibilidad.

5 Enviar la app para revisión.

Apple revisará la app y la aprobará en 2-10 días.

• Una vez aprobada, la app estará en la App Store.

• Autoevaluación 17: Publicación en Google Play y App Store

Responde las siguientes preguntas:

1 ¿Cuánto cuesta registrarse como desarrollador en Google Play?

2 ¿Cómo se firma un APK antes de subirlo a Google Play?

3 ¿Qué tipo de archivo se requiere para publicar en la App Store?

4 ¿Cuánto tarda Google en aprobar una aplicación?

5 ¿Cómo se genera un AAB en Buildozer?

• Respuestas Correctas:

1 $25 USD (único pago).

2 Con `jarsigner`.

3 Un archivo `.ipa` generado con Xcode.

4 Entre 2 y 7 días.

5 Con `buildozer android aab`.

Próximo Paso: Capítulo 18 - Mantenimiento y Actualización de la Aplicación

En el siguiente capítulo, aprenderemos cómo actualizar nuestra app en Google Play y App Store.

¿Listo para continuar?

Capítulo 18: Mantenimiento y Actualización de la Aplicación

Objetivo del capítulo:

En este capítulo, aprenderemos a mantener y actualizar nuestra aplicación en Google Play y App Store para corregir errores, mejorar el rendimiento y agregar nuevas funciones.

¿Qué aprenderás?

• Cómo actualizar la aplicación en Google Play y App Store

• Cómo solucionar errores y optimizar el código

• Cómo monitorear el rendimiento y recibir comentarios de usuarios

Este capítulo es crucial para mantener la calidad de la aplicación y mejorar la experiencia del usuario.

1 ¿Por qué es importante mantener y actualizar la aplicación?

Las actualizaciones son esenciales para mejorar la experiencia del usuario.

Beneficios de mantener la app actualizada:

• Corrección de errores

• Mejoras en la seguridad

• Optimización del rendimiento

• Compatibilidad con nuevas versiones de Android e iOS

• Incorporación de nuevas funciones ✦

• Si una app no se actualiza con regularidad, puede volverse obsoleta o dejar de funcionar correctamente.

2 Corrección de Errores y Optimización del Código

Antes de actualizar la app en las tiendas, es importante corregir errores y optimizar el código.

Pasos para mejorar la aplicación:

1 Analizar errores con logs en tiempo real:

• En Android, usamos `adb logcat` para ver errores en la consola.

• En iOS, usamos la consola de `xcode`.

```
adb logcat -s python
```

2 Revisar reportes de fallos en Google Play Console y App Store Connect.

3 Optimizar el código eliminando funciones innecesarias.

4 Reducir el tamaño del APK o IPA eliminando dependencias no usadas.

Ejemplo de optimización del código:

```python
# Código original (ineficiente)

for i in range(len(lista)):

    print(lista[i])

# Código optimizado

for item in lista:

    print(item)
```

• Después de optimizar y corregir errores, estamos listos para una nueva versión.

3 Cómo Actualizar la Aplicación en Google Play (Android)

Si queremos subir una nueva versión a Google Play, seguimos estos pasos:

1 Actualizamos el número de versión en `buildozer.spec`

```
version = 1.1
```

2 Generamos un nuevo archivo `.aab` con Buildozer

```
buildozer -v android release

buildozer android aab
```

3 Firmamos el archivo con la misma clave usada anteriormente

```
jarsigner -verbose -sigalg SHA256withRSA -digestalg SHA-256 -keystore
mi_keystore.jks bin/ChatApp-1.1.aab alias_name
```

4 Subimos el nuevo archivo `.aab` a Google Play Console:

1 Ir a Google Play Console.

2 Seleccionar la aplicación y hacer clic en "Administrar versiones".

3 Subir el nuevo archivo `.aab`.

4 Completar la descripción de los cambios.

5 Enviar la actualización para revisión.

Google revisará la actualización en 1-3 días antes de aprobarla.

• Una vez aprobada, los usuarios recibirán la nueva versión en sus dispositivos.

4 Cómo Actualizar la Aplicación en la App Store (iOS)

Para actualizar una app en la App Store, seguimos estos pasos:

1 Aumentamos la versión de la app en Xcode:

1 Abrimos `myapp.xcodeproj` en Xcode.

2 Vamos a `General > Version & Build Number`.

3 Aumentamos la versión (Ejemplo: `1.1`).

2 Creamos un nuevo archivo `.ipa` en Xcode:

1 Vamos a `Product > Archive`.

2 Hacemos clic en `Distribute App`.

3 Seleccionamos "App Store Connect" y generamos el `.ipa`.

3 Subimos el archivo `.ipa` a la App Store:

1 Ir a App Store Connect.

2 Seleccionar la aplicación y hacer clic en "Nueva versión".

3 Subir el nuevo archivo `.ipa`.

4 Completar la descripción de la actualización.

5 Enviar la app para revisión.

Apple revisará la actualización en 1-5 días antes de aprobarla.

• Una vez aprobada, la nueva versión estará disponible en la App Store.

5 Monitoreo del Rendimiento y Opiniones de Usuarios

Es importante monitorear el rendimiento de la app y recibir comentarios de los usuarios.

Herramientas para monitorear la app:

• Google Play Console: Muestra crashes y errores en dispositivos Android.

• App Store Connect: Permite ver estadísticas de uso en iOS.

• Google Firebase: Ayuda a analizar el comportamiento de los usuarios.

Ejemplo de cómo ver errores en la consola:

```
adb logcat -s python
```

Ejemplo de análisis de opiniones de usuarios:

```
Usuario: "La app es excelente, pero a veces se cierra sola."

Solución: Revisamos los logs para identificar el problema y
corregimos el error.
```

• Monitorear el rendimiento nos ayuda a mejorar la app en cada actualización.

• Autoevaluación 18: Mantenimiento y Actualización de la Aplicación

Responde las siguientes preguntas:

1 ¿Por qué es importante actualizar la aplicación?

2 ¿Cómo generamos una nueva versión del APK para Google Play?

3 ¿Cómo firmamos un APK antes de subirlo a Google Play?

4 ¿Cómo subimos una nueva versión a la App Store?

5 ¿Qué herramientas podemos usar para monitorear errores en la app?

• Respuestas Correctas:

1 Para corregir errores, mejorar el rendimiento y agregar nuevas funciones.

2 Usamos `buildozer android aab` para generar un nuevo `.aab`.

3 Usamos `jarsigner` para firmar el APK con una clave de seguridad.

4 Subimos un nuevo archivo `.ipa` en App Store Connect.

5 Google Play Console, App Store Connect y Firebase.

Próximo Paso: Capítulo 19 - Estrategias de Monetización y Publicidad

En el siguiente capítulo, aprenderemos cómo monetizar la app con anuncios y compras dentro de la app.

¿Listo para continuar?

Capítulo 19: Estrategias de Monetización y Publicidad

Objetivo del capítulo:

En este capítulo, aprenderemos cómo monetizar nuestra aplicación mediante diferentes estrategias, incluyendo anuncios, compras dentro de la app y versiones premium.

¿Qué aprenderás?

• Diferentes modelos de monetización para apps móviles

• Cómo integrar Google AdMob para mostrar anuncios en la app

• Cómo implementar compras dentro de la app (In-App Purchases)

• Cómo ofrecer una versión premium sin anuncios ⭐

Este capítulo es clave para generar ingresos con nuestra aplicación.

1 Diferentes Modelos de Monetización para Apps Móviles

Existen varias formas de ganar dinero con una aplicación móvil.

Modelos más comunes:

Modelo	Descripción	Ejemplo
Publicidad	La app muestra anuncios para generar ingresos.	Google AdMob
Compras dentro de la app	Los usuarios pueden comprar contenido o funciones adicionales.	Suscripción mensual

Modelo	Descripción	Ejemplo
Versión premium	Se ofrece una versión sin anuncios por un pago único.	App gratuita vs. App Pro
Donaciones	Los usuarios pueden hacer aportes voluntarios.	Patreon, Ko-Fi

• Podemos combinar varias estrategias para maximizar los ingresos.

2 Integración de Anuncios con Google AdMob (Publicidad)

Google AdMob permite mostrar anuncios en nuestra app y generar ingresos cada vez que un usuario los ve o interactúa con ellos.

Pasos para integrar AdMob en la app:

1. Crear una Cuenta en Google AdMob

1 Ir a Google AdMob.

2 Registrarse con una cuenta de Google.

3 Crear una nueva aplicación y obtener un ID de App y un ID de Anuncio.

Ejemplo de ID de App y Anuncio:

```
App ID: ca-app-pub-xxxxxxxxxxxxxxxx~yyyyyyyyyy

Ad Unit ID: ca-app-pub-xxxxxxxxxxxxxxxx/zzzzzzzzzz
```

2. Instalar la Biblioteca de Google AdMob en la App

Instalamos la librería de AdMob en nuestro entorno virtual.

Ejecutamos en la terminal:

```
pip install kivy_garden

garden install google_admob
```

• Esto instalará la librería necesaria para mostrar anuncios.

3. Configurar Anuncios en la Aplicación

Modificamos `main.py` para mostrar un banner de AdMob.

Añadimos el siguiente código en `main.py`:

```python
from kivy_garden.google_admob import AdMobBanner

class ChatScreen(Screen):

    def on_enter(self):

        self.show_ad()

    def show_ad(self):

        banner = AdMobBanner(

            size="BANNER",

            unit_id="ca-app-pub-xxxxxxxxxxxxxxxx/zzzzzzzzzz"

        )

        self.add_widget(banner)
```

Explicación:

• `AdMobBanner` : Muestra un anuncio en la parte inferior de la pantalla.

• `unit_id` : Reemplazamos con nuestro ID de anuncio de AdMob.

• Resultado: La app mostrará anuncios y generará ingresos.

3 Implementación de Compras Dentro de la App (In-App Purchases)

Las compras dentro de la app permiten a los usuarios pagar para desbloquear funciones adicionales.

Ejemplo de funciones que podemos vender:

• Eliminar anuncios

• Acceso a temas premium

• Mensajes ilimitados en el chatbot

Pasos para integrar compras dentro de la app:

1. Crear Productos en Google Play Console y App Store Connect

En Google Play Console:

1 Ir a `Productos > Productos integrados en la aplicación`.

2 Crear un nuevo producto (Ejemplo: `premium_access`).

3 Definir el precio (Ejemplo: $4.99 USD).

4 Guardar el ID del producto (`premium_access`).

En App Store Connect:

1 Ir a `Funcionalidades > Compras dentro de la app`.

2 Agregar un nuevo producto (`premium_access`).

3 Definir el precio y detalles.

4 Guardar el ID del producto (`premium_access`).

2. Integrar Compras en la Aplicación

Modificamos `main.py` para agregar un botón de compra.

```python
from kivy_garden.google_play_billing import BillingClient

class ChatApp(MDApp):
```

```python
    def buy_premium(self):

        billing = BillingClient()

        billing.purchase("premium_access")

class ConfigScreen(Screen):

    def on_enter(self):

        if self.check_premium():

            self.ids.ad_banner.opacity = 0   # Ocultar anuncios

    def check_premium(self):

        billing = BillingClient()

        return billing.is_purchased("premium_access")
```

Explicación:

• `BillingClient.purchase("premium_access")` : Inicia la compra dentro de la app.

• `check_premium()` : Verifica si el usuario ya compró el acceso premium.

• Si el usuario compró premium, se ocultan los anuncios.

• Resultado: Los usuarios pueden comprar funciones premium dentro de la app.

4 Ofrecer una Versión Premium sin Anuncios

Otra opción es vender una versión premium de la app sin anuncios en Google Play y App Store.

Pasos para lanzar una versión premium:

1 Creamos una nueva aplicación en Google Play/App Store.

2 Usamos el mismo código, pero eliminamos `AdMob` .

3 Definimos un precio para la app (Ejemplo: $9.99 USD).

4 Publicamos la app con el nombre "Chat IA - Versión Premium".

• Ahora los usuarios pueden elegir entre la versión gratuita con anuncios o la versión de pago sin anuncios.

• Autoevaluación 19: Estrategias de Monetización y Publicidad

Responde las siguientes preguntas:

1 ¿Qué plataforma usamos para mostrar anuncios en la app?

2 ¿Cómo generamos ingresos con compras dentro de la app?

3 ¿Qué función se usa para iniciar una compra dentro de la app?

4 ¿Cómo ocultamos los anuncios si el usuario compra la versión premium?

5 ¿Qué otra estrategia podemos usar para monetizar la app sin anuncios?

• Respuestas Correctas:

1 Google AdMob.

2 Vendiendo acceso premium o eliminando anuncios.

3 `BillingClient.purchase("premium_access")`.

4 `self.ids.ad_banner.opacity = 0`.

5 Vender una versión premium sin anuncios.

Próximo Paso: Capítulo 20 - Estrategias de Marketing y Crecimiento

En el siguiente capítulo, aprenderemos cómo promocionar la app para conseguir más usuarios.

¿Listo para continuar?

Capítulo 20: Estrategias de Marketing y Crecimiento

Objetivo del capítulo:

En este capítulo, aprenderemos cómo promocionar nuestra aplicación para atraer más usuarios y aumentar la cantidad de descargas en Google Play y App Store.

¿Qué aprenderás?

• Cómo mejorar el posicionamiento ASO en Google Play y App Store

• Cómo utilizar redes sociales y publicidad para atraer usuarios

• Cómo obtener reseñas positivas y aumentar la visibilidad de la app ⭐

• Cómo usar el email marketing y alianzas estratégicas para crecer

Este capítulo es clave para que nuestra app alcance un mayor público y genere más ingresos.

1 ¿Qué es ASO y por qué es importante?

ASO (App Store Optimization) es el proceso de optimizar una app para mejorar su posicionamiento en las tiendas de aplicaciones.

ASO funciona como el SEO, pero para apps.

• Si una app está bien optimizada, aparecerá en los primeros resultados cuando los usuarios busquen términos relacionados.

Ejemplo de búsqueda en Google Play:

```
Usuario busca: "Chat con IA"

Nuestra app aparece en los primeros resultados → Más descargas
```

• El ASO es crucial para aumentar la visibilidad de la app sin pagar publicidad.

2 Cómo Mejorar el ASO en Google Play y App Store

Elementos clave del ASO:

Elemento	Descripción	Ejemplo
Título de la app	Debe ser descriptivo y contener palabras clave.	Chat IA - Asistente Inteligente
Descripción corta	Explica brevemente la función principal de la app.	"Chatea con una IA avanzada y aprende más rápido."

Elemento	Descripción	Ejemplo
Descripción larga	Incluye más detalles, palabras clave y beneficios.	"Nuestro chatbot de IA te ayuda a aprender y resolver dudas..."
Palabras clave	Términos relevantes que los usuarios buscarían.	Chatbot, Inteligencia Artificial, Asistente Virtual
Icono y screenshots	Imágenes atractivas aumentan las descargas.	Diseño profesional con colores llamativos.
Categoría correcta	Elegir la mejor categoría según la función de la app.	"Educación" o "Comunicación"

Ejemplo de una buena descripción larga:

```
Chat IA - Tu Asistente Inteligente

Descubre la inteligencia artificial más avanzada con nuestra app de
chat IA.

• Responde preguntas en tiempo real

• Aprende con ejemplos prácticos

• Personaliza el estilo de la conversación

Descárgala ahora y lleva la IA en tu bolsillo!
```

• Una buena descripción y título aumentan las descargas hasta un 30%.

3 Cómo Usar Redes Sociales para Promocionar la App

Las redes sociales son una excelente forma de atraer usuarios.

Redes recomendadas para promocionar apps:

Plataforma	Estrategia
TikTok	Publicar videos mostrando la app en acción.
Instagram	Usar historias y reels con demostraciones.
Twitter	Compartir actualizaciones y responder preguntas.
YouTube	Crear tutoriales y reseñas de la app.

Ejemplo de estrategia en TikTok:

Publicamos un video mostrando la IA respondiendo preguntas difíciles.

Invitamos a los usuarios a probar la app y comentar.

Colocamos el enlace de descarga en la biografía.

• Las redes sociales pueden generar miles de descargas sin costo.

4 Publicidad de Pago para Acelerar el Crecimiento

Si queremos crecer rápido, podemos invertir en publicidad en Google y Facebook.

Opciones de publicidad para promocionar apps:

• Google Ads → Aparece en los primeros resultados de Google Play.

• Facebook Ads → Muestra anuncios en Instagram y Facebook.

• TikTok Ads → Llega a usuarios jóvenes interesados en tecnología.

Ejemplo de anuncio en Google Ads:

1 Creamos una campaña en Google Ads.

2 Elegimos "Promocionar aplicación móvil".

3 Definimos el público objetivo (Ejemplo: Personas interesadas en IA).

4 Establecemos un presupuesto ($5 - $10 USD diarios).

5 Lanzamos la campaña y medimos el rendimiento.

• Con una inversión pequeña, podemos conseguir miles de descargas.

5 Cómo Obtener Reseñas Positivas y Aumentar la Visibilidad

Las apps con más reseñas y calificaciones altas tienen mejor posicionamiento en las tiendas.

Estrategias para obtener más reseñas:

• Agregar un mensaje dentro de la app pidiendo reseñas.

```python
from kivymd.uix.dialog import MDDialog

from kivy.app import App

def ask_for_review():

    dialog = MDDialog(

        title="¿Te gusta nuestra app?",

        text="Si te gusta, déjanos una reseña en la tienda de
aplicaciones ",

        buttons=[

            MDRaisedButton(text="Sí, claro", on_release=lambda x:
App.get_running_app().open_store()),

            MDRaisedButton(text="Más tarde", on_release=lambda x:
dialog.dismiss()),

        ],

    )

    dialog.open()
```

• Incentivar a los usuarios con contenido exclusivo si dejan una reseña.

• Responder los comentarios en Google Play y App Store.

Ejemplo de respuesta a un comentario negativo:

```
Usuario: "La app tiene errores y se cierra a veces."

Respuesta: "Gracias por tu comentario. Hemos solucionado este
problema en la última actualización. ¡Prueba la nueva versión!"
```

• Las reseñas positivas aumentan la confianza y las descargas.

6 Email Marketing y Alianzas Estratégicas

El email marketing y las alianzas pueden ayudar a crecer la base de usuarios.

Ejemplo de estrategia de email marketing:

1 Captamos emails en nuestra página web.

2 Enviamos actualizaciones y novedades de la app.

3 Ofrecemos descuentos o contenido exclusivo a los suscriptores.

Ejemplo de alianzas estratégicas:

• Contactar a blogs y youtubers de tecnología para que prueben la app.

• Colaborar con influencers que hablen de IA y aplicaciones móviles.

• Las alianzas pueden multiplicar las descargas sin gastar en publicidad.

• Autoevaluación 20: Estrategias de Marketing y Crecimiento

Responde las siguientes preguntas:

1 ¿Qué significa ASO y por qué es importante?

2 ¿Cómo podemos mejorar la posición de nuestra app en Google Play?

3 ¿Qué redes sociales son más efectivas para promocionar aplicaciones?

4 ¿Qué estrategia podemos usar para obtener más reseñas positivas?

5 ¿Cómo podemos aumentar las descargas sin gastar en publicidad?

• Respuestas Correctas:

1 ASO significa "App Store Optimization" y mejora la visibilidad de la app.

2 Optimizando el título, descripción, palabras clave y capturas de pantalla.

3 TikTok, Instagram y YouTube son las más efectivas.

4 Mostrar un mensaje dentro de la app pidiendo una reseña.

5 Usando redes sociales, alianzas estratégicas y email marketing.

Próximo Paso: Capítulo 21 - Conclusiones y Próximos Pasos

En el siguiente capítulo, haremos un resumen del proyecto y exploraremos cómo seguir mejorando la app.

¿Listo para continuar?

Capítulo 21: Conclusiones y Próximos Pasos

Objetivo del capítulo:

En este capítulo, haremos un resumen de todo el proceso de desarrollo de nuestra aplicación y exploraremos nuevas mejoras que podemos implementar en el futuro.

¿Qué aprenderás?

• Un resumen de lo aprendido en este libro

• Qué otras funcionalidades podemos agregar a nuestra app

• Cómo seguir aprendiendo y mejorando nuestras habilidades

Este capítulo cierra el ciclo de desarrollo y deja la puerta abierta para futuras mejoras.

1 Resumen del Proyecto: Creación de una App de Chat con IA

A lo largo de este libro, hemos desarrollado una aplicación completa con Python, Kivy y KivyMD.

Repaso de los pasos clave:

Etapa	Descripción
Instalación de herramientas	Configuramos Python, Kivy, KivyMD y las herramientas necesarias.
Diseño de la interfaz	Creamos una UI moderna con Material Design.
Integración con IA	Conectamos la app con un modelo de inteligencia artificial de Hugging Face.
Gestión de usuarios	Implementamos login, registro y almacenamiento de sesiones.
Conexión con una base de datos	Guardamos y recuperamos mensajes en MySQL.
Compilación para Android e iOS	Convertimos la app en un APK y en una aplicación para iPhone.
Publicación en Google Play y App Store	Subimos la app a las tiendas de aplicaciones.
Monetización	Agregamos publicidad, compras dentro de la app y una versión premium.
Marketing y crecimiento	Aprendimos estrategias para aumentar las descargas y la visibilidad.

• Hemos construido una aplicación funcional que puede crecer aún más.

2 Posibles Mejoras y Funcionalidades Futuras

Nuestra app es un buen punto de partida, pero siempre se puede mejorar.

Algunas ideas para mejorar la aplicación:

• Soporte para múltiples idiomas

• Reconocimiento de voz para interactuar con la IA

• Modo oscuro y temas personalizables

• Soporte para stickers y emojis en el chat

• Integración con asistentes de voz como Google Assistant y Siri

• Compatibilidad con PC (Windows, macOS, Linux)

Ejemplo: Cómo agregar reconocimiento de voz con `speech_recognition`

```python
import speech_recognition as sr

def escuchar():

    recognizer = sr.Recognizer()

    with sr.Microphone() as source:

        print("Habla ahora...")

        audio = recognizer.listen(source)

    try:

        texto = recognizer.recognize_google(audio, language="es-ES")

        print("Dijiste:", texto)

    except sr.UnknownValueError:

        print("No pude entender el audio")
```

• Implementar estas mejoras puede hacer que nuestra app sea aún más atractiva.

3 Cómo Seguir Aprendiendo y Mejorando

El desarrollo de software es un aprendizaje continuo.

Algunas formas de seguir mejorando:

• Aprender más sobre inteligencia artificial:

  - Cursos en Coursera, Udemy o edX

  - Leer documentación de Hugging Face, OpenAI y TensorFlow

• Profundizar en bases de datos y backend:

  - Estudiar GraphQL, REST API y bases de datos en la nube

  - Aprender Docker y despliegue en servidores VPS

- Explorar nuevas tecnologías para apps móviles:

  - Probar Flutter o React Native

  - Aprender más sobre Swift y Kotlin para apps nativas

- Unirse a comunidades de programadores:

  - Participar en foros como Stack Overflow, Reddit y Dev.to

  - Contribuir en proyectos open-source en GitHub

Ejemplo: Recursos útiles para aprender más

Documentación oficial de Kivy

Curso gratuito de Python en W3Schools

Repositorio de ejemplos en GitHub

- Nunca dejes de aprender y experimentar con nuevas ideas.

4 Conclusión Final: De Cero a Experto en Desarrollo de Apps con Python

Si llegaste hasta aquí, ¡felicidades! Has completado un viaje increíble en el mundo del desarrollo de apps móviles.

Recapitulación de lo logrado:

- Aprendiste a usar Python, Kivy y KivyMD para construir una app real.

- Implementaste inteligencia artificial en un chatbot funcional.

- Conectaste la app a un backend con GraphQL y una base de datos MySQL.

- Compilaste la app para Android e iOS.

- Aprendiste a publicar y monetizar la app en tiendas oficiales.

- Descubriste estrategias de marketing y crecimiento.

Ahora tienes una base sólida para seguir creando aplicaciones increíbles.

- Este libro es solo el comienzo. ¡Ahora es tu turno de innovar y construir el futuro!

Reflexión Final y Próximo Paso

Ahora que tienes los conocimientos necesarios, ¿qué sigue?

Publica y mejora tu app

Crea nuevas aplicaciones con lo que aprendiste

Explora nuevas tecnologías como Machine Learning y Blockchain

Comparte tu conocimiento con la comunidad

Recuerda: La mejor forma de aprender es seguir construyendo. ¡El límite es tu imaginación! ✦

¡Felicidades por completar este libro y convertirte en un desarrollador de apps con Python!

Fin del Libro: "Desarrollo de Apps con Python - De 0 a Experto"

Autor: *Martin Alejandro Oviedo*

Publicación: *20-01-2025*

Plataformas: Amazon Kindle, Google Books, App Store

Si te gustó este libro, ¡compártelo con otros programadores y sigue creando apps increíbles!

Postfacio

Llegar hasta este punto significa que has recorrido un largo camino en el aprendizaje del desarrollo de aplicaciones móviles con Python. Has pasado de la teoría a la práctica, desde los conceptos básicos hasta la implementación de una aplicación funcional, integrada con inteligencia artificial, bases de datos y un backend moderno.

Este libro no solo ha sido una guía técnica, sino un puente entre la curiosidad y la creación, entre la idea y la ejecución. Si alguna vez pensaste que desarrollar aplicaciones era algo exclusivo para expertos, hoy puedes mirar atrás y ver lo lejos que has llegado.

La tecnología está en constante evolución, y lo que aprendiste aquí es solo el comienzo. Cada nueva versión de Python, cada actualización de Kivy o cada mejora en la inteligencia artificial abre un mundo de nuevas oportunidades.

Pero lo más importante no es solo lo que sabes ahora, sino lo que harás con este conocimiento. ¿Crearás nuevas aplicaciones? ¿Compartirás lo aprendido con otros? ¿Llevarás este proyecto a otro nivel?

La decisión está en tus manos. La programación es una herramienta poderosa, pero su verdadero valor está en lo que haces con ella.

"No es suficiente con aprender a programar, hay que aprender a pensar como un programador." — Steve Jobs

Conclusiones Finales

Este libro ha sido un recorrido paso a paso desde la instalación de Python hasta la publicación y monetización de una aplicación real en Google Play y la App Store. Has adquirido habilidades que te permitirán crear aplicaciones móviles innovadoras y escalables.

Resumen de los aprendizajes más importantes:

• Instalación y configuración del entorno de desarrollo en Windows, macOS y Linux.

• Diseño de interfaces modernas con KivyMD y personalización de temas.

• Conexión con bases de datos y creación de un backend con GraphQL.

• Integración de inteligencia artificial con Hugging Face para crear un chatbot inteligente.

• Optimización de rendimiento y mejoras en la experiencia del usuario.

• Compilación para Android con Buildozer y para iOS con Kivy-iOS.

• Publicación en Google Play y App Store para alcanzar una audiencia global.

• Monetización con anuncios, compras dentro de la app y versiones premium.

• Estrategias de marketing y crecimiento para aumentar descargas y mejorar la visibilidad de la app.

Este no es el final de tu camino como desarrollador, sino el comienzo de una nueva etapa. Ahora cuentas con las herramientas y los conocimientos para llevar tus ideas más lejos.

¿Qué sigue ahora?

Crea nuevas aplicaciones: Experimenta con diferentes tipos de proyectos y expande tus habilidades.

Mejora tu aplicación: Agrega nuevas funciones, escucha a los usuarios y actualiza la app regularmente.

Explora otras tecnologías: Aprender Flutter, React Native o Swift puede abrirte más oportunidades en el mundo del desarrollo móvil.

Comparte tu conocimiento: Enseñar a otros refuerza tu aprendizaje y te ayuda a crecer como programador.

Nunca dejes de aprender: La tecnología evoluciona rápidamente, y estar actualizado es clave para seguir avanzando.

"El conocimiento es el único tesoro que aumenta cuando se comparte." — Benjamin Franklin

El futuro de la tecnología está en manos de quienes se atreven a aprender, crear e innovar. Si llegaste hasta aquí, tienes el potencial para construir algo increíble.

Ahora es tu turno. ¡Ve y crea algo que cambie el mundo!

Martin Alejandro Oviedo

20 de enero de 2025

Glosario de Términos Esenciales

Este glosario reúne los términos más importantes utilizados en el desarrollo de aplicaciones móviles con Python, Kivy, KivyMD y tecnologías relacionadas. Cada concepto está explicado de forma clara para facilitar su comprensión y aplicación en proyectos reales.

A

AdMob: Plataforma de Google que permite la integración de anuncios en aplicaciones móviles para monetización.

API (Application Programming Interface): Conjunto de reglas y herramientas que permiten que diferentes aplicaciones se comuniquen entre sí.

APK (Android Package Kit): Formato de archivo utilizado para distribuir e instalar aplicaciones en dispositivos Android.

App Store: Plataforma de Apple donde los usuarios pueden descargar e instalar aplicaciones para iOS.

ASO (App Store Optimization): Técnica de optimización utilizada para mejorar la visibilidad y el ranking de una aplicación en Google Play y App Store.

B

Backend: Parte de una aplicación que maneja la lógica de negocio, la base de datos y la conexión con el frontend.

Base de datos: Sistema que almacena y organiza información para su posterior recuperación y manipulación.

Buildozer: Herramienta de línea de comandos utilizada para compilar aplicaciones de Kivy para Android.

Bug: Error en el código de una aplicación que provoca un mal funcionamiento o comportamiento inesperado.

C

Cacheo (Caching): Técnica para almacenar datos temporalmente y mejorar el rendimiento de una aplicación.

Chatbot: Programa que simula una conversación con los usuarios utilizando inteligencia artificial.

Cloud Computing: Tecnología que permite acceder a servicios y almacenamiento a través de Internet.

Compilación: Proceso de conversión del código fuente en un formato ejecutable para un sistema operativo específico.

Código abierto (Open Source): Software cuyo código fuente está disponible para que cualquier persona pueda usarlo, modificarlo y distribuirlo.

D

Debugging: Proceso de identificar y corregir errores en un programa.

Deep Learning: Rama del aprendizaje automático basada en redes neuronales profundas para realizar tareas complejas como reconocimiento de imágenes y procesamiento de lenguaje natural.

Deploy: Proceso de poner una aplicación en producción, haciéndola accesible a los usuarios finales.

Django: Framework de desarrollo web en Python utilizado para crear aplicaciones robustas y escalables.

Docker: Plataforma de contenedores que permite empaquetar aplicaciones junto con sus dependencias para facilitar su despliegue.

E

Emulador: Software que imita el funcionamiento de un dispositivo físico (como un teléfono Android) para probar aplicaciones.

Entorno de Desarrollo Integrado (IDE): Aplicación que facilita la escritura y prueba de código, como Visual Studio Code o PyCharm.

Entorno virtual: Espacio aislado donde se pueden instalar paquetes de Python sin afectar el sistema operativo principal.

Experiencia del usuario (UX - User Experience): Cómo se siente y se comporta un usuario al interactuar con una aplicación.

F

FastAPI: Framework web de alto rendimiento basado en Python para construir APIs rápidas y eficientes.

Firebase: Plataforma de Google que proporciona herramientas para el desarrollo de aplicaciones móviles y web.

Flutter: Framework de desarrollo de aplicaciones móviles creado por Google, basado en el lenguaje Dart.

Frontend: Parte visible de una aplicación con la que los usuarios interactúan.

G

Git: Sistema de control de versiones que permite rastrear cambios en el código fuente y colaborar en proyectos.

GitHub: Plataforma basada en Git que permite almacenar y compartir repositorios de código.

GraphQL: Lenguaje de consulta para APIs que permite obtener exactamente los datos que se necesitan, en lugar de respuestas predefinidas.

Google Play Console: Plataforma de Google que permite a los desarrolladores administrar y publicar aplicaciones en Google Play Store.

H

Hosting: Servicio que permite alojar una aplicación o sitio web en un servidor para que esté accesible en Internet.

Hugging Face: Plataforma que proporciona modelos de inteligencia artificial listos para usar en tareas de procesamiento de lenguaje natural.

I

IA (Inteligencia Artificial): Campo de la informática que busca desarrollar sistemas capaces de realizar tareas que requieren inteligencia humana.

IDE (Integrated Development Environment): Entorno de desarrollo integrado, como PyCharm o VS Code, que facilita la programación.

Interfaz gráfica (GUI): Diseño visual de una aplicación con el que los usuarios pueden interactuar.

IPA (iOS App Package): Formato de archivo utilizado para distribuir e instalar aplicaciones en dispositivos iOS.

J

Java: Lenguaje de programación ampliamente utilizado en el desarrollo de aplicaciones Android.

JavaScript: Lenguaje de programación para el desarrollo web que permite agregar interactividad a las páginas.

JSON (JavaScript Object Notation): Formato ligero de intercambio de datos estructurados basado en texto.

K

Kivy: Framework de Python para el desarrollo de aplicaciones móviles y de escritorio con una sola base de código.

KivyMD: Extensión de Kivy que permite diseñar interfaces modernas con los principios de Material Design.

Kotlin: Lenguaje de programación oficial para el desarrollo de aplicaciones Android, alternativo a Java.

L

Librería: Conjunto de código reutilizable que proporciona funcionalidades específicas, como `requests` para hacer peticiones HTTP en Python.

Linux: Sistema operativo de código abierto utilizado en servidores y desarrollo de software.

M

Machine Learning (Aprendizaje Automático): Rama de la inteligencia artificial que permite a las computadoras aprender de los datos sin ser programadas explícitamente.

Monetización: Proceso de generar ingresos con una aplicación a través de anuncios, compras dentro de la app o versiones premium.

N

NoSQL: Tipo de base de datos que almacena información en formatos distintos a las bases de datos relacionales, como MongoDB.

Nube (Cloud): Infraestructura que permite ejecutar aplicaciones y almacenar datos en servidores remotos.

P

PIP: Gestor de paquetes de Python utilizado para instalar librerías.

Play Store: Plataforma de distribución de aplicaciones para Android.

Push Notifications: Mensajes que las apps envían a los usuarios para alertarlos sobre novedades o interacciones.

R

REST API: Estándar de arquitectura para la creación de servicios web que permiten la comunicación entre sistemas.

Repositorio: Lugar donde se almacena el código de un proyecto en plataformas como GitHub.

S

SDK (Software Development Kit): Conjunto de herramientas para desarrollar aplicaciones en una plataforma específica.

SQLite: Base de datos ligera utilizada en aplicaciones móviles.

T

TensorFlow: Framework de código abierto para el desarrollo de modelos de aprendizaje automático.

Threads: Subprocesos utilizados para ejecutar tareas en paralelo en una aplicación.

U

UI (User Interface): Diseño visual de una aplicación.

Uvicorn: Servidor ASGI utilizado para ejecutar aplicaciones FastAPI.

V-Z

Versión Premium: Modelo de monetización en el que los usuarios pagan para eliminar anuncios o desbloquear funciones adicionales.

Visual Studio Code (VS Code): Editor de código ampliamente utilizado para el desarrollo de software.

• Este glosario es una herramienta útil para reforzar el conocimiento y seguir aprendiendo sobre desarrollo de aplicaciones móviles con Python.

Bibliografía Consultada

A continuación, se presentan las fuentes de información y referencias utilizadas para la elaboración de este libro. Estas incluyen documentación oficial, artículos técnicos, libros, cursos y recursos en línea que han servido como base para explicar y desarrollar los conceptos presentados.

Documentación Oficial

Python – https://docs.python.org/3/

Kivy – https://kivy.org/doc/stable/

KivyMD – https://kivymd.readthedocs.io/en/latest/

FastAPI – https://fastapi.tiangolo.com/

GraphQL – https://graphql.org/

Strawberry GraphQL – https://strawberry.rocks/

SQLite – https://www.sqlite.org/docs.html

MySQL – https://dev.mysql.com/doc/

Buildozer – https://github.com/kivy/buildozer

Kivy-iOS – https://github.com/kivy/kivy-ios

Hugging Face – https://huggingface.co/docs

Google AdMob – https://developers.google.com/admob

Google Play Console – https://play.google.com/console/about/

Apple Developer Program – https://developer.apple.com/programs/

App Store Connect – https://appstoreconnect.apple.com/

Libros y Publicaciones Relacionadas

"Python Crash Course" – Eric Matthes, No Starch Press, 2019.

"Automate the Boring Stuff with Python" – Al Sweigart, No Starch Press, 2015.

"Fluent Python" – Luciano Ramalho, O'Reilly Media, 2015.

"Deep Learning with Python" – François Chollet, Manning Publications, 2017.

"Machine Learning for Dummies" – John Paul Mueller y Luca Massaron, For Dummies, 2016.

"Building Android Apps in Python Using Kivy" – Dusty Phillips, Packt Publishing, 2014.

"RESTful Web APIs" – Leonard Richardson, O'Reilly Media, 2013.

"The Pragmatic Programmer" – Andrew Hunt y David Thomas, Addison-Wesley, 1999.

"Clean Code: A Handbook of Agile Software Craftsmanship" – Robert C. Martin, Prentice Hall, 2008.

Artículos y Recursos Online

Kivy: Desarrollo de Aplicaciones en Python – https://realpython.com/mobile-app-kivy-python/

Integración de AdMob en Aplicaciones de Kivy – https://medium.com/@kivydeveloper/monetizing-apps-with-kivy-and-admob

Tutorial de FastAPI: APIs Modernas en Python – https://realpython.com/fastapi-python-web-apis/

Cómo Publicar una App en Google Play Store – https://developer.android.com/distribute/googleplay/start

Cómo Publicar una App en App Store – https://developer.apple.com/app-store/submitting/

Hugging Face y Modelos de IA para Chatbots – https://towardsdatascience.com/using-huggingface-transformers-for-text-generation

Introducción a GraphQL – https://www.howtographql.com/

Estrategias de Monetización para Aplicaciones Móviles – https://www.appsflyer.com/blog/mobile-app-monetization-strategies/

Cursos y Videos Recomendados

Curso de Python desde Cero – YouTube: FreeCodeCamp Español.

Curso de Desarrollo Móvil con Kivy y KivyMD – Udemy.

FastAPI para Desarrolladores Python – Platzi.

Cómo Publicar Apps en Google Play y App Store – YouTube: Traversy Media.

Monetización con AdMob: Guía Completa – Udemy.

Cómo Crear un Chatbot con Inteligencia Artificial en Python – YouTube: Tech With Tim.

Agradecimientos

Este libro no habría sido posible sin el increíble esfuerzo de la comunidad de código abierto, cuyos desarrollos y documentación han permitido que miles de programadores alrededor del mundo aprendan y construyan soluciones innovadoras.

Gracias a la comunidad de Kivy, FastAPI, Hugging Face, MySQL, GraphQL, AdMob y a todos los desarrolladores que han contribuido a hacer de Python un lenguaje tan poderoso y accesible.

• Estas referencias y recursos son una excelente base para seguir aprendiendo y perfeccionando tus habilidades en el desarrollo de aplicaciones móviles.

Comunidades para Participar y Aprender Más

Aprender a programar no es solo leer libros y hacer proyectos, también es compartir conocimiento, resolver dudas y colaborar con otros desarrolladores. Por eso, aquí tienes una lista de comunidades activas donde puedes participar, hacer preguntas, ayudar a otros y seguir mejorando tus habilidades en desarrollo de aplicaciones móviles con Python, Kivy, inteligencia artificial y más.

1. Comunidades de Python

Python.org - Comunidad Oficial

- https://www.python.org/community/
- Foro oficial donde puedes encontrar eventos, grupos de usuarios y noticias sobre Python.

Python España ES

- https://es.python.org/
- Comunidad en español con foros, eventos y recursos para aprender Python.

r/Python (Reddit)

- https://www.reddit.com/r/Python/
- Subreddit muy activo donde se discuten tendencias, tutoriales y preguntas sobre Python.

Real Python - Comunidad y Blog

- https://realpython.com/
- Comunidad con cursos, artículos y foros de discusión sobre Python.

2. Comunidades de Kivy y KivyMD

Foro Oficial de Kivy

- https://forum.kivy.org/
- Foro donde puedes hacer preguntas y compartir proyectos relacionados con Kivy y KivyMD.

Discord de Kivy

- https://discord.com/invite/kivy
- Comunidad en tiempo real donde desarrolladores de Kivy discuten sobre el framework y comparten recursos.

GitHub de Kivy

- https://github.com/kivy
- Repositorio oficial donde puedes contribuir a Kivy y aprender de otros desarrolladores.

Stack Overflow (Etiqueta Kivy)

- https://stackoverflow.com/questions/tagged/kivy
- Preguntas y respuestas sobre Kivy de la comunidad de Stack Overflow.

3. Comunidades de Desarrollo Móvil

Android Developers (Google Developer Community)

- https://developer.android.com/community
- Comunidad oficial de Google con foros y eventos sobre desarrollo Android.

Flutter & Kivy Developers (Facebook Group)

- https://www.facebook.com/groups/flutterkivydevs
- Grupo donde se discuten alternativas para desarrollar apps móviles con Python y Flutter.

Dev.to - Mobile Development

- https://dev.to/t/mobile

- Comunidad de desarrolladores móviles con artículos, tutoriales y discusiones.

4. Comunidades de Inteligencia Artificial y Machine Learning

Hugging Face Community

- https://huggingface.co/forum
- Foro oficial donde se comparten avances y preguntas sobre modelos de IA.

FastAPI Discord

- https://discord.com/invite/XnKJrRP
- Comunidad donde puedes discutir sobre la integración de IA con FastAPI.

r/MachineLearning (Reddit)

- https://www.reddit.com/r/MachineLearning/
- Subreddit sobre avances en inteligencia artificial y machine learning.

Google AI Research

- https://ai.google/research/
- Comunidad y recursos de Google para el aprendizaje automático.

5. Comunidades de Publicación y Monetización de Apps

Google Play Console Community

- https://support.google.com/googleplay/thread/new?hl=en
- Foro oficial de Google para dudas sobre la publicación de apps en la Play Store.

r/androiddev (Reddit)

- https://www.reddit.com/r/androiddev/
- Subreddit donde desarrolladores de Android comparten trucos, preguntas y experiencias.

App Store Connect Developers

- https://developer.apple.com/forums/

- Foro oficial de Apple donde se resuelven dudas sobre la publicación en la App Store.

Indie Hackers - Monetización de Apps

- https://www.indiehackers.com/
- Comunidad para emprendedores y desarrolladores que buscan monetizar sus aplicaciones.

6. Servidores y Hosting para Desplegar Aplicaciones

Heroku (PaaS para Python y FastAPI)

- https://devcenter.heroku.com/
- Servicio para desplegar aplicaciones backend en la nube con facilidad.

Google Firebase Community

- https://firebase.community/
- Comunidad donde se comparten tutoriales sobre bases de datos y autenticación en apps móviles.

r/selfhosted (Reddit)

- https://www.reddit.com/r/selfhosted/
- Foro donde se comparten estrategias para alojar aplicaciones en servidores propios.

7. Comunidades de Programación General

Stack Overflow

- https://stackoverflow.com/
- La comunidad de preguntas y respuestas más grande para programadores.

Dev.to - Python & Mobile Development

- https://dev.to/
- Comunidad de desarrolladores con blogs y foros de discusión.

r/learnpython (Reddit)

- https://www.reddit.com/r/learnpython/

- Subreddit para aprender y resolver dudas sobre Python.

r/programming (Reddit)

- https://www.reddit.com/r/programming/
- Subreddit sobre noticias y tendencias en programación.

Conclusión: ¡Únete y Comparte!

La mejor manera de crecer como programador es rodearte de otros desarrolladores, hacer preguntas y compartir lo que aprendes.

• Elige algunas de estas comunidades y comienza a participar:

- Pregunta tus dudas y ayuda a otros.
- Comparte tu experiencia y proyectos.
- Sigue las tendencias y las nuevas tecnologías.

¡El conocimiento se multiplica cuando se comparte!

Autor: *Martin Alejandro Oviedo*

20 de enero de 2025

FIN.